ADRIANA AYALES

HERBAL ASTROLOGY

Orakel

Anleitungen und Deutungen

Artwork von Joséphine Klerks

KÖNIGSFURT URANIA

Bibliographische Information der Deutschen Nationalbibliothek

Die Deutsche Nationalbibliothek verzeichnet diese Publikation in der Deutschen Nationalbibliographie; detaillierte bibliographische Daten sind im Internet über http://dnb.d-nb.de abrufbar.

Titel der Originalausgabe: *The Herbal Astrology Oracle*

Originally published in 2022 by Hay House, Inc.

Deutsche Erstausgabe
4.Auflage 2025

Königsfurt-Urania Verlag GmbH
Ringstr. 32, D-24103 Kiel
info@koenigsfurt-urania.com • www.koenigsfurt-urania.com

Übersetzung: Tom Amarque
Lektorat: Bettina Kaever
Satz und Layout:
№ 40 Grafik & Satz, Götheby-Holm
Printed in China by
Hung Hing Offset Printing Co Ltd

MIX
Papier | Fördert gute Waldnutzung
FSC® C017606
www.fsc.org

ISBN 978-3-86826-799-0 (Set)

INHALT

„Wie oben, so unten.
Wie innen, so außen.“

—Altes alchemistisches Axiom

EINLEITUNG

Das *Herbal Astrology Orakel* ist eine Einführung in die mystische Kunst der astrologischen Kräuterkunde und wie man sie als eine Form der Divination oder Weissagung nutzen kann. Warum auch immer du in ein tieferes inneres Wissen einsteigen möchtest, so ist dieses Orakel eine Brücke, um die übersinnlichen Geschenke der Pflanzen zu erforschen und um ihre Eigenschaften für den Zauber im Alltag einzusetzen.

Obwohl der Weg der Kräuterkunde und Magie in uralten Heilsystemen verwurzelt ist, kann er doch für alle Praktizierenden sehr persönlich und einzigartig sein. Dieses Orakeldeck geht über die normale Kräuterkunde hinaus und befasst sich mit den symbolischen Welten der Natur. Auf diese Weise bietet sie einen Zugang zu den Geheimnissen der Pflanzen und Planeten.

In vielen Heiltraditionen wird der Mensch als Mikrokosmos des Universums betrachtet, der von denselben Kräften durchdrungen ist, die auch den Kosmos steuern. Nach diesen Vorstellungen ist der Mensch ein Teil des ungebrochenen Ganzen in einem einzigartigen Beziehungskontinuum, das sich gleichzeitig nach innen wie nach außen hin ausdrückt. Die großen Weisen, Hexen, Schaman:innen sowie Medizinfrauen und -männer auf der ganzen Welt hatten Zugang zu diesem göttlichen Wissen und nutzten es, um zu verstehen, wie Heilung, die Kraft der Zyklen, die Natur, Weissagung, Alchemie und Astrologie funktionieren. Die Grundlage der astrologischen Kräuterkunde beruht auf dem Verständnis, wie die Archetypen der Planeten mit der Natur sowie den Organen und Systemen des Körpers korrespondieren.

Diese Zuordnung von Pflanzen zu Planeten gibt es schon seit Urzeiten. Bereits bei den alten Ägyptern und vielleicht auch schon sehr viel früher wurden Kräuter und Krankheiten mit Hilfe der astrologischen Symbolik klassifiziert und in Hinblick auf ihre energetischen Eigenschaften beschrieben. Tatsächlich waren die Diagnose- und Behandlungsprinzipien der mystischen Wissenschaft ursprünglich ein wesentlicher Bestandteil des Medizinstudiums. Hippokrates, der als Vater der modernen Medizin gilt, klassifizierte Krankheiten auf der Grundlage astrologischer Phänomene und nutzte planetarische Archetypen, um herauszufinden, wie man verschiedene Krankheiten heilen kann.

Schon zu Hippokrates' Lebzeiten erforschte und nutzte man die Parallelen zwischen Kräutern und Planeten, und dieses Wissen wurde im Laufe der Jahrhunderte konsequent erweitert. Der berühmte Kräuterkundler, Arzt und Astrologe Nicholas Culpeper verfasste hochesoterische Schriften über die Beziehung zwischen Astrologie und Kräutern. Bis heute gilt Culpeper zu diesem Thema praktisch als die Quelle schlechthin. Seine erstklassigen Bücher befassen sich ausführlich mit Themen wie Kräuterenergetik, medizinischer Astrologie und der Astrologie von Krankheit und Heilung. Vor der Entdeckung der Planeten Neptun und Pluto basierte die Astrologie ausschließlich auf den sieben sichtbaren Planeten, die man auch „transsaturnische“ Planeten nennt.

Altes Wissen zurückgewinnen

Heute versuchen wir, das Gefühl der Verbundenheit wiederzuerlangen, das vergangene Kulturen hatten, als das Schicksal der Menschen noch völlig mit der Natur verwoben war. Die Welt wurde als eine symbiotische Einheit gesehen, in der alle lebenden Organismen miteinander interagieren und sich gegenseitig unterstützen, von der innersten zellulären bis zur äußersten kosmologischen Ebene.

Der Wunsch nach Pflanzenmedizin in der heutigen Kultur ist ein Symbol dafür, dass die Menschheit zu ihrem Ursprung zurückkehrt. Eine tiefgreifende Wiedergeburt ist im Gange, und die Rolle des Pflanzenreichs gewinnt zunehmend an Bedeutung. Zwischen Mensch und Natur entsteht erneut eine wichtige Brücke, die uns den Zugang zum Reich des Transzendenten und zum Licht ermöglicht. Pflanzenheilmittel sind nicht nur dafür da, uns zu stärken, zu schützen und vor Krankheiten zu bewahren – sie haben einen viel größeren Sinn. Sie sind dazu da, uns zu dem ursprünglichen Bewusstsein zurückzubringen, das Jahrtausende lang auf der Erde geherrscht hat. Die Kräuterkunde ist die Medizin der Verbundenheit, ein Tor, durch das wir einen sehr heiligen Aspekt unserer Herkunft lebendig halten.

Giftige und psychedelische Pflanzen

Einige in diesem Orakeldeck beschriebene Pflanzen sind giftig oder psychedelisch. Nimm keine der giftigen Pflanzen zu dir, es sei denn, sie wurden von erfahrenen Praktiker:innen, Schaman:innen, *Curanderos* oder ausgebildeten Kräuterspezialisten zubereitet. Einige Pflanzen können für schwangere Frauen oder Menschen mit bestimmten Einschränkungeen oder Krankheiten schädlich sein und möglicherweise pharmazeutischen Medikamenten entgegenwirken. Sei dir dessen bewusst und hole dir professionellen und qualifizierten Rat. Denke daran, dass es bei der Arbeit mit Pflanzen nicht nur darum geht, sie zu konsumieren. Du kannst auch rituelle Werkzeuge, Blüten- und Kräuteressenzen herstellen oder einfach mit der Pflanze meditieren, um die kraftvolle Heilenergie zu erfahren, die sie in unser Leben bringt.

Rituelle Gegenstände und Talismane

Seit Tausenden von Jahren werden Kräuteranhänger, Talismane und Ritualobjekte für zeremoniellen Schutz und Magie verwendet – oft als Gegenstände für den Altar, um Heilimpulse zu setzen und Schaman:innen bei ihrer Heilpraxis zu unterstützen. Es gibt viele Möglichkeiten, Kräuter bei der Herstellung von Ritualgegenständen zu verwenden, und ich lade dich ein, dich auf das einzulassen, was du spürst und fühlst, wenn du die dich mit den Kräutern in deiner spirituellen Praxis verbindest. Klassische Talismane können in Beutel eingearbeitet oder für magische Stäbe („Zauberstäbe"), Halsketten und vielem mehr verarbeitet werden. Magische Stäbe lassen sich für Räucherungsrituale wie das „Smudging" in den Traditionen der Native Americans nutzen, oder auch in den „*Limpias*", den rituellen Reinigungen in den mittel- und südamerikanischen Traditionen. Die Praxis, mit dem Rauch von Kräutern, Blumen, Rinden und Harzen Gegenstände, Räume, Menschen und Tiere zu segnen und zu schützen, ist uralt und ein wichtiger Weg, sich auf unsere pflanzlichen Partner einzulassen.

MIT DEM *HERBAL ASTROLOGY ORAKEL* ARBEITEN

Orakelkarten sind nützliche Werkzeuge zur Selbstreflexion. Sie helfen uns, subtile Informationen und Archetypen durch einen zutiefst intuitiven und kreativen Prozess zu verarbeiten. Jeder Archetyp besteht aus vielschichtigen Aspekten, die uns die Möglichkeit bieten, das große Mysterium der Natur besser zu verstehen. Diese Aspekte können sehr persönlich ausfallen und erlauben es deiner inneren Stimme, die Magie, die in einem Legemuster zum Ausdruck kommt, für dich zu interpretieren. Die spirituellen Bedeutungen der Kräuter in diesem Orakeldeck sind von mir gechannelte Interpretationen, die dich zu einer visionären Erfahrung einladen. Die Informationen sind nicht unbedingt endgültig und vollständig. Vieles davon ist von altem Wissen inspiriert, das in vielen mythischen Geschichten zu finden ist, die es seit Hunderten oder Tausenden von Jahren gibt.

BEREITE EINEN HEILIGEN SPACE VOR

Bevor du mit dem Reading beginnst, solltest du einen heiligen Raum vorbereiten, um deine Energie zu fokussieren. Das kann überall und zu jeder Zeit geschehen. Nimm eine bequeme sitzende Position ein, und beginne damit, deinen Geist zu klären und drei bis sechs tiefe Atemzüge zu nehmen. Du kannst eine Pflanze deiner Wahl räuchern, um dich und das Orakeldeck zu reinigen. Du kannst auch ein paar ausgewählte Altargegenstände wie Steine, Kristalle, Blätter, Bilder von geliebten Menschen, Kunst, ätherische Öle oder andere rituelle Gegenstände, die deine Seele ansprechen, bereitlegen.

Lege deine Intention fest

Sobald du dich zentriert fühlst, schließe deine Augen, mische die Karten und formuliere entweder in Gedanken oder laut deine Intention. Wähle eines der Spreads aus diesem Buch oder dein eigenes intuitives Legemuster aus und sprich deine Intention deutlich aus, während du die einzelnen Karten ziehst. Es ist wichtig, dass du dich immer auf deine Intention konzentrierst.

Ziehe deine Karten

Wenn du dich bereit fühlst, lege die Karten von links nach rechts verdeckt aus. Scanne die Karten mit deinem inneren Auge. Wenn du die Karte, die du auswählen möchtest, fühlst oder siehst, ziehst du sie mit deiner linken Hand aus dem Orakeldeck und legst sie dann ebenfalls verdeckt direkt vor dich. Wenn du eine weitere Karte ziehst, sprichst du deine Absicht aus und scannst die Karten erneut, wobei du wieder die Karte mit deiner linken Hand auswählst. Fahre so fort, bis dein Spread vollständig ist.

Normal gelegte und umgekehrte Karten

„Normal gelegt" bedeutet, dass die Karte nach dem Aufdecken richtig herum liegt. „Umgekehrt" bedeutet, dass die Karte nach dem Aufdecken auf dem Kopf steht. In jeder Kartenerklärung findest du sowohl ausgeglichene als auch unausgewogene Attribute zu dem entsprechenden Archetyp. Diese sind nicht voneinander getrennt, denn es ist wichtig, dass wir das große Potenzial anerkennen, das in jedem Archetyp und seiner energetischen Signatur steckt. Lies die „Inspiration" mit offenem Herzen und lasse dich auf das ein, was dich wirklich anspricht. Alle Archetypen haben mehrere Gesichter, die an sich weder „gut" noch „böse" sind. Die Zweiteilung zeigt einfach die Bandbreite der möglichen Ausdrucksformen ihrer Energie. Denke an oben und unten, hell und dunkel, offen und geschlossen, gesagt und unausgesprochen. Wenn du eine Karte deutest, egal ob sie normal oder umgekehrt liegt, solltest du beide Positionen bewerten und schauen, inwiefern die Energie in deiner Lebenssituation mit dir resoniert.

Astrologische Konstellationen

Jede Pflanze ist einem astrologischen Hauptherrscher zugeordnet, den du im Guidebook an erster Stelle findest und der durch das größere Symbol oben auf jeder

Karte dargestellt wird. Jede Pflanze verfügt jedoch über vielfältige Aspekte, daher findest du häufig ein oder zwei weitere Planetenbezüge. Diese vermitteln aufgrund ihrer medizinischen Eigenschaften, der Signaturenlehre und aufgrund weiterer Merkmale ebenfalls wichtige Aspekte.

LEGEMUSTER

DAS KARDINALE KREUZ DES MEDIZINRADS

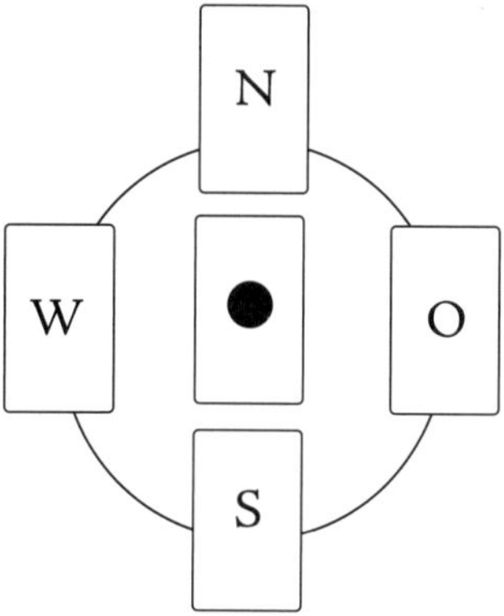

Das Medizinrad symbolisiert die Zyklen des Lebens, die sich ständig weiterentwickelnden Transformationen und Lektionen, denen wir auf unserer Reise durch das Leben begegnen. Der Weg für uns Erdlinge basiert auf dem Verständnis, dass wir zu jeder Zeit an jeder Stelle des Medizinrads stehen und dass jede Richtung heilige Energie enthält, die es zu ehren gilt, während wir durch die Zyklen des Lebens navigieren. Die Himmelsrichtungen sind archetypische Energien, Portale des Lebens und der Seele, die uns als Elementargeister anleiten.

1. **Mitte:** Das heilige Herz repräsentiert deine gegenwärtige energetische Signatur. Die Mitte verkörpert deine Kernsignatur, die Signatur deines Herzens. Es enthält die Samen für jede Speiche des Medizinrades und zeigt, wie deine spirituellen und physischen Realitäten die aktuelle Version deiner Selbst kreieren.

2. **Süden:** Der Süden reflektiert die Vergangenheit, die Kindheit, wo alles begann. Die jeweilige Karte an dieser Stelle fragt nach wichtigen Mustern aus deiner Vergangenheit, die losgelassen und weiterentwickelt werden müssen. Welche Schmerzen oder alten Muster dürfen sich verabschieden? Gibt es verborgene Talente, die sich endlich entfalten sollten? Wie kannst du dein inneres Kind zum Ausdruck bringen und heilen?

3. **Westen:** Der Westen führt uns zu unserer persönlichen Wahrheit, unseren Zielen, Wünschen und Manifestationen. Diese Karte symbolisiert die Lösung für eine aktuelle Herausforderung oder das, was wir loslassen müssen, um voranzukommen. Frage dich: Was befindet sich gerade in meinem Leben in der Sterbephase? Wie kann ich mich dabei unterstützen, loszulassen und das aufzugeben, was meiner Entwicklung nicht mehr dient?

4. **Norden:** Der Norden signalisiert die Führung durch die Ahn:innen, den Nordstern, den weisen Rat. Der Norden erinnert dich daran, aufmerksam und demütig auf die Ältesten und die Energien zu hören, die dich leiten. Frag dich aus einer Haltung der Dankbarkeit und Offenheit heraus: Höre ich aufmerksam auf mein höchstes Selbst? Welche subtilen Zeichen habe ich erhalten? Welche Lektionen und Synchronizitäten tauchen immer wieder in meinem Leben auf, über die ich nachdenken und mit denen ich arbeiten sollte?

5. **Osten:** Der Osten ist das goldene Tor des Himmels, der Ort der göttlichen Eingebung, Transformation und Erleuchtung. Der Osten steht für die Sphäre der Engel, für den ätherischen Kern, in dem wir uns mit dem Spirit verbinden. Die Energie des Ostens ist der Space, an dem wir uns unser zukünftiges Selbst vorstellen und mystische Einsichten, Inspiration und göttliche Botschaften empfangen. Der Osten lädt dich dazu ein, dich aus der Perspektive der dritten Person wahrzunehmen. Betrachte dich durch den Spiegel des großen Spirits und frage dich: Welche Synchronizitäten, Ermutigungen und göttlichen Geschenke habe ich in letzter Zeit erhalten, die meine göttliche Bestimmung näher definieren?

Spread für den gegenwärtigen Moment

Das ist ein Legemuster für den Alltag, mit dem du die aktuelle Situation schnell analysieren kannst. Es zeigt dir, in welche Richtung sich dein Leben gerade entwickelt, wie dein Gefühlskörper diese Reise unterstützt und inwiefern dich dein Verstand auf Kurs hält. Dieses Spread kann für eine schnelle und wichtige Entscheidung genutzt werden und gibt Aufschluss über die allgemeine Richtung, in die du oder die jeweilige Situation sich bewegen.

1. **Körper:** Äußere Realität (Sonne/Saturn)
   Dein physisches Umfeld und wie du mit anderen bist.

2. **Herz-Geist:** Überzeugungen, Gefühle und Einstellungen (Mond/Merkur)
   Dein Seelenzustand und deine Gefühle in Bezug auf die aktuelle Situation.

3. **Seele:** Höheres Selbst, Guidance und Energie (Jupiter/Neptun)
   Die Richtung, in die dich deine Seele und deine wahre Bestimmung führen.

Beziehungsspread

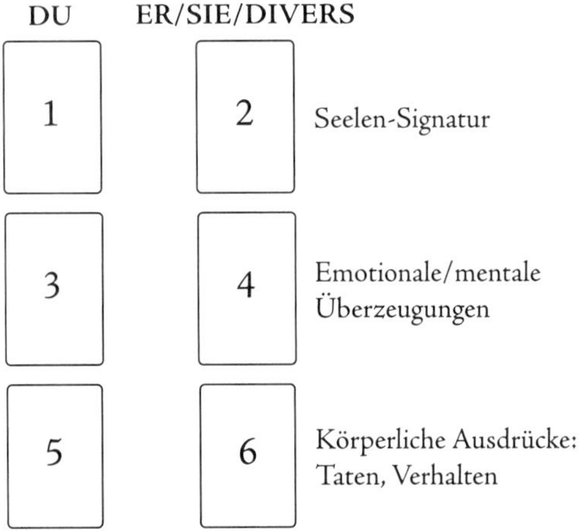

Mit diesem Legemuster lassen sich die Kräfte und Herausforderungen einer deiner Beziehungen einschätzen. Das Spread kann die Beziehung zu einem Freund, einem Familienmitglied, einem/r Kolleg:in, einem/r (Ehe-)partner:in oder einem anderen nahen Menschen beleuchten. Wenn du die Karten mischst und ziehst, achte darauf, dass du dich mit der Energie deines Gegenübers verbindest. Ruf dessen Namen und Energie in deinem Herzen auf, während du die Karten mit einer klaren Intention mischst. Das Legemuster wird in zwei Spalten aufgeteilt und du ziehst zuerst eine Karte für dich, dann eine für den anderen und so weiter.

1/2. **Seelen-Signatur:**
Du: Wer dein Gegenüber für dich auf der Seelenebene ist. Die Seelensignatur steht für deinen Seelenvertrag in eurer Beziehung.
Er/sie/divers: Wer du auf der Seelenebene für dein Gegenüber bist.

3/4. **Mental-Emotional:**
Du: Emotionale und mentale Gefühle, die du für dein Gegenüber hast.
Er/sie/divers: Emotionale und mentale Gefühle, die dein Gegenüber für dich hat, einschließlich deiner Leidenschaften, Reaktionen und möglichen Auslöser.

5/6. **Körperlich:**
Du: Handlungen, Eigenschaften und Verhaltensweisen, die du in die Beziehung einbringst.
Er/sie/divers: Handlungen, Eigenschaften und Verhaltensweisen, die dein Gegenüber dir entgegenbringt.

Das Mond-Spread

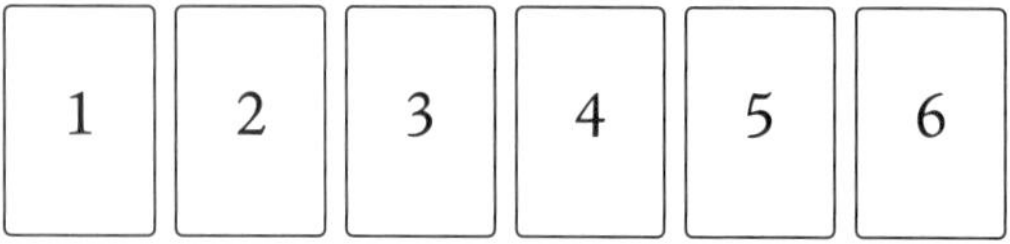

Das Mond-Legemuster kann dir helfen, die Tiefen deines emotionalen und psychischen Körpers zu erkennen. Dabei geht es um wichtige Fragen, über die du nachdenken kannst, um die aktuelle Situation in deinem Gefühlskörper kennenzulernen. Und die dich bei der Einschätzung deiner ungenutzten Talente, deiner Ängste und Herausforderungen, deiner Art, tiefe Liebe sowie Heilung anzunehmen und zu schenken, unterstützen. Konzentriere dich mit Achtsamkeit auf die Frage jeder Position, bevor du die Karte ziehst. Atme und versetze dich in einen Zustand der Meditation, um dich mit deinem höchsten Selbst zu verbinden.

1. Wer bist du in diesem Moment?
2. Was ist deine aktuelle Herausforderung?
3. Was sind deine verborgenen Gaben?
4. Was ist deine derzeit größte Angst?
5. Was ist deine Sprache der Liebe?
   Wie gibst und empfängst du Liebe?
6. Was ist deine Fähigkeit zu heilen?

Die Karten

KRÄUTER DER SONNE

1. CALENDULA
– Reinheit –
Calendula officinalis

Bedeutung: Unschuld, kindliche Freude, Demut, Reinheit, Neuanfänge, Vertrauen ins Leben, Vitalität
Umgekehrt: zerstörte Unschuld, Mangeldenken. Unfähigkeit, etwas zu verwirklichen. Widerstand gegen Neuanfänge
Astrologischer Herrscher: Sonne

Historisch gesehen war Calendula oder die Ringelblume als „Safran des armen Mannes“ bekannt, da sie anstelle des teureren Gewürzes verwendet wurde, um Speisen Farbe und Geschmack zu verleihen. Calendula-Blütenblätter werden auch zu Salaten hinzugefügt und als Färbemittel für Stoffe und Haare verwendet.

Von Aufgüssen über Extrakte bis hin zu Salben sind europäischen Volksheilkundler:innen eine breite Palette an Heilmitteln und Lebensmitteln mit

Calendula bekannt. Ihre Blütenblätter wurden verwendet, um die Menstruation anzuregen, bei Fieber die Schweißproduktion zu fördern und Gelbsucht zu heilen. Im 19. Jahrhundert setzten Ärzte Calendula zur Behandlung von Viren, Magengeschwüren, Leberproblemen und Hautinfektionen ein. Wegen ihrer zusammenziehenden und entzündungshemmenden Wirkung wurde sie traditionell auch äußerlich zur Behandlung von Verbrennungen, Prellungen und Wunden sowie zur Blutstillung genutzt.

Inspiration: Die leuchtend gelbe oder orangefarbene Ringelblume ist ein Symbol für die Sonne. Sie wächst schnell, verbreitet im Garten Freude und steht für den universellen Überfluss. Sonnenkräuter neutralisieren Gifte und stärken die Lebenskraft. Die sanfte und reichhaltige Energie der Calendula erinnert uns an die Reiche des Lichts und der Engel. Um diese betreten zu dürfen, braucht es kindliche Unschuld und Demut. Lass nicht zu, dass der Schmerz der Vergangenheit dich daran hindert, dir ein neues Leben zu erträumen. Calendula steht für den reinen Schaffensdrang, die Vitalität und die Kreativität, die du brauchst, um dich auf eine neue Reise zu begeben. Die Ausstrahlung der Calendula ist wie eine Hochspannungsleitung. Sei dir deiner Absichten besonders bewusst, wenn du die Energie der Calendula in einem Ritual verwendest, da sie deine Intention enorm verstärken wird.

2. JOHANNISKRAUT
– Ausstrahlung –
Hypericum perforatum

Bedeutung: Freude, Wärme, Resilienz, Glück, Verständnis, Manifestation, spirituelle Kraft, Schutz
Umgekehrt: Unglücklichsein, Vermeidung, Weglaufen, Flucht, die eigene Wahrheit nicht leben
Astrologischer Herrscher: Sonne

Das Johanniskraut repräsentiert, wie die Karte der Sonne im Tarot, Gefühle von Sicherheit, Optimismus, Erfüllung, Wohlstand, Erfolg und die Morgendämmerung, die auf die dunkelste Nacht folgt. Die Sonne ist die Quelle allen Lebens auf unserem Planeten und steht für die Lebensenergie an sich.

Der lateinische Name *Hypericum* bedeutet „über dem Altar platzieren" und *perforatum* „Durchlöcherung", eine Anspielung auf die Löcher in den Blättern der Pflanze. Schon in der Antike wurde das Johanniskraut als Schutzpflanze gegen Hexerei, dämonische Wesenheiten oder übersinnliche Energien verwendet und oft in Exorzismusritualen eingesetzt, um Dämonen aus Räumen und Menschen auszutreiben.

Das Johanniskraut ist der Inbegriff eines Heilkrauts der Sonne: Es blüht um den Höhepunkt des Sommers, der Sommersonnenwende, und verkörpert Widerstandsfähigkeit, Vitalität und Langlebigkeit. Seine

Symbolik ist so stark, dass man glaubte, es könne ein Haus vor Blitzschlag, Feuer und schweren Stürmen schützen. Ein gängiger Brauch war es, das Kraut im Kamin zu verbrennen und den scharfen Rauch in den Raum steigen zu lassen, um auf diese Weise das Böse abzuwehren und den Schutz zu stärken.

Unsere Vorfahr:innen glaubten, dass diese kostbare Pflanze wegen ihrer zahlreichen Heilwirkungen eines der größten Geschenke für die Menschheit sei. Seit vielen Jahrhunderten wird das Johanniskraut als Heilmittel gegen Depressionen, Angstzuständen, Melancholie, Viren, Wundheilung, Schmerzlinderung, spirituellen Schutz und vieles mehr eingesetzt.

Inspiration: Die Mittsommergöttin feiert die facettenreichen Elemente des Lebens in freudiger Fülle und erinnert uns daran, dass die Quelle wahren Reichtums und der Heilung in uns liegt. Das Johanniskraut erinnert dich daran, tief in dir eine spirituelle Praxis zu kultivieren, um diese erleuchtende Wahrheit zu erfahren. Wenn man dieses Wissen (unbewusst) meidet, wird sich das als Mangeldenken, Angst und depressive Stimmung manifestieren und dich daran hindern, deine Wahrheit zu leben. Das Johanniskraut schenkt uns den spirituellen Mut des Feuers, den wir brauchen, um den Tod des alten Selbst zu bewältigen.

3. ROSMARIN
– Uralte Erinnerung –
Rosmarinus officinalis

Bedeutung: Erinnerung, uraltes Gedächtnis, multidimensionale Sicht, Rückbesinnung, Verpflichtung, einer Vision treu sein
Umgekehrt: Nostalgie, Sehnsucht, sich aufgrund eines Traumas abgrenzen, Gedächtnisverlust, Wiederaufleben vergangener Gefühle, Verwirrung
Astrologische Herrscher: Sonne, Merkur

Rosmarin wurde schon von den alten Griechen und Römern um 500 v. Chr. medizinisch genutzt. Getrocknete Rosmarinzweige tauchten sogar in ägyptischen Gräbern aus der Zeit um 3.000 v. Chr. auf. Unsere Vorfahren kannten diesen robusten Strauch, der den Ruf hatte, Geist und Gedächtnis zu stärken. Er wurde bei Hochzeitszeremonien zum Symbol für die Treue der frisch Verliebten verwendet und ebenso bei religiösen Riten und bei Beerdigungen eingesetzt. Bei Hochzeiten wurde Rosmarin in den Kranz der Braut eingebunden und in duftendes Wasser getaucht, um den Bund der Ehe zu segnen – als Symbol für den heiligen Moment und die ewige Treue.

Auch heute noch setzt man Rosmarin ein, um das Gedächtnis zu verbessern. Die Legende besagt, dass die Jungfrau Maria, die Mutter Jesu, auf ihrer Flucht nach Ägypten neben einem Rosmarinstrauch Schutz suchte. Sie warf ihren Umhang auf den Strauch und die weißen Blüten färbten sich blau. Seitdem wird dieses wertvolle Kraut die „Rose von Maria" genannt.

Inspiration: Rosmarin wird beherrscht sowohl von Merkur, dem Planeten des Verstandes, als auch von der Sonne, die unser höheres Selbst repräsentiert. Das Kraut verkörpert diese heilige Verbindung des egobasierten Verstands mit dem höheren Bewusstsein. Diese Karte bedeutet, dass vergangene Gefühle und Emotionen aus deinem Inneren auftauchen. Vielleicht bekommst du Zugang zu den Erfahrungen deiner Vorfahr:innen, die in deiner DNA gespeichert sind. Rosmarin unterstützt uns bei der Heilung durch eine multidimensionale Sichtweise und erinnert uns daran, die Kraft der Vision zu nutzen, um über die Limitierungen des Alltags hinaus klarer zu sehen. Lass dich nicht von emotionalem Ungleichgewicht vereinnahmen. Verbinde dich mit dem Licht des Rosmarins, um dich aus dem Nebel der Verwirrung herausführen zu lassen. Bleibe deiner Vision treu.

4. WEINRAUTE
– Schutz –
Ruta graveolens

Bedeutung: psychisches Schutzschild, Aura-Schutz, engelhafte Weisheit, Vertreibung der Dunkelheit, Wiederherstellung der Vitalität
Umgekehrt: Besessenheit, parasitäre Energien, Wut, Selbstkritik, Verurteilung, Selbsthass
Astrologische Herrscher: Sonne, Pluto

Die Weinraute ist als „Kraut der Gnade" oder als „gesegnetes Kraut" bekannt. Auf Spanisch heißt sie *ruda* und auf Griechisch *reuo,* was „befreien" bedeutet. Die Weinraute gilt als kraftvolle Schutzpflanze. Ihr Gebrauch ist historisch detailliert beschrieben, sowohl in der Medizin als auch bei zeremoniellen Ritualen. Ärzte schätzten die Weinraute früher als ein wichtiges Mittel gegen Seuchen, die Pest und Gifte aller Art.

Im Mittelalter wurde die Weinraute an Türen und Fenstern befestigt, um den bösen Blick, Flüche und böse Geister abzuwehren. In der antiken griechischen und römischen Medizin verwendete man sie vor allem, um die Menstruation anzuregen, die Sehkraft zu verbessern, die Nerven zu beruhigen und Rheumatismus zu lindern. Priester tauchten die Raute in Weihwasser, um Menschen und ihre Häuser zu segnen. Viele trugen Sträuße um den Hals, um böse Zaubersprüche und Flüche abzuwehren. Leonardo da Vinci und Michelangelo sollen die frischen Spitzen der Weinraute verzehrt haben, um ihre Sehkraft zu verbessern und ihre Kreativität zu steigern, wenn sie sich in ihre Kunst versenkten.

Obwohl man annimmt, dass die Weinraute im Mittelmeerraum heimisch ist, wurde sie auch bei den Maya, den Azteken und den indigenen Völkern Nordamerikas verwendet (die ebenfalls den Brauch pflegten, die Weinraute neben Türen zu pflanzen, um Glück anzuziehen und den bösen Blick abzuwehren).

Inspiration: Man sagt, dass die Weinraute das Kraut der Engel ist und uns die Fähigkeit verleiht, mit den Engeln zu kommunizieren. Wie ein Löwe strahlt sie goldene Energie aus, die alles kraftvoll beschützt und mit Licht erfüllt. Unverwüstlich wie die vielen Sonnenkräuter wächst sie großzügig und üppig und gedeiht auf allen Böden, was ihre starke Lebenskraft und Vitalität unterstreicht. Die Weinraute ist heute in deinem Spread gelandet, um dich daran zu erinnern, deine Aura vor lauernden und besitzergreifenden Geistern zu schützen, die deine Energie rauben könnten. Lass nicht zu, dass dein Feld von parasitärer Negativität verdunkelt wird, die dich in Selbstkritik, Selbstzweifel oder gar Selbsthass stürzen kann. Verbinde dich mit der Kraft der Weinraute, um deinen Körper mit Hilfe der Engel zu schützen und deine Aura mit Strahlkraft, Vitalität und Liebe aufzuladen.

5. BLAUER LOTUS
– Intuition –
Nymphaea caerulea

Bedeutung: intuitives Wissen, Zugang zum Unterbewusstsein, den Hüter:innen des Mysteriums begegnen, Traumarbeit, Initiation
Umgekehrt: unterdrückte Intuition, Unglaube, Abgehobenheit, Launenhaftigkeit, Mangel an Inspiration, verborgene Absichten, Blockierung der übersinnlichen Kräfte
Astrologische Herrscher: Sonne, Mond

Der heilige und mystische Blaue Lotus, der als „Blume der Erleuchtung" gilt, ist ein ethnobotanischer Schatz, der in alten Schriften als Allheilmittel bezeichnet und in mythischen Schöpfungsgeschichten als Blume der Ahn:innen verehrt wird. Der Blaue Lotus ist eine Wasserlilie, die für die Steigerung der Euphorie, Intuition, Verjüngung und als Aphrodisiakum bekannt ist.

Der Blaue Lotus wurde mit dem ägyptischen Sonnengott Ra, dem Lichtbringer, in Verbindung gebracht. Schamanische Priester:innen versetzten sich mithilfe dieser Blume in religiösen Ritualen und Zeremonien in einen Trancezustand, um mit den Göttern zu kommunizieren. Sie wurde auch bei Begräbniszeremonien nach dem Tod eines geliebten Menschen verwendet, da der Blaue Lotus die Seele dabei unterstützt, ins Licht zu gehen. Auch die alten Maya verehrten den Blauen Lotus und andere Seerosen und nannten ihn in der Sprache des Nahuatl *quetzalaxochiacatl,* was so viel wie „kostbare Wasserlilie" bedeutet.

Obwohl der Blaue Lotus als Blume der Sonne verehrt wird, verkörpert er chemisch gesehen sowohl solare als auch lunare Elemente. Die Blume enthält ein natürliches krampflösendes und entspannendes Mittel namens Nucifera (Mond) sowie Aporphin, das ein Gefühl von Euphorie und Glückseligkeit auslöst (Sonne). Diese Alkaloide bewirken u.a. Schmerzlinderung, Stressabbau und ein klares Bewusstsein.

Inspiration: Der Blaue Lotus ist ein direkter Vermittler zur Welt des Göttlichen. Das vollkommene Gleichgewicht, das uns diese Blume schenkt, unterstützt uns dabei, die göttliche Verbindung zwischen Herz und Gehirn zu verfeinern. Der Blaue Lotus hilft dir heute, deine Intuition zu stärken und dir Zugang zu den Bereichen des inneren Wissens zu gewähren, die im großen Mysterium enthalten sind. Erinnere dich daran, dass der Lotus aus den Tiefen des schlammigen Wassers unberührt und makellos aufsteigt, um in majestätischer Schönheit zu erblühen. Lass nicht zu, dass Negativität deine Intuition und deinen Glauben an dich selbst schwächt. Vertraue dem Prozess und glaube an das Geheimnis. Höre tief auf die Hüter:innen der Mysterien, während du dich aus der Dunkelheit erhebst.

6. SALBEI
– Segen –
Salvia apiana

Bedeutung: Segen, Reinigung, Beschwörung, heilige Gabe, spirituelle Reinigung, Stärkung des Gefühlskörpers, mystische Vision
Umgekehrt: Unfähigkeit zu empfangen, emotionaler Narzissmus, Eskapismus, Entkräftung, innere Spaltung, Mangel an Willenskraft, Unglücklichsein
Astrologische Herrscher: Mond, Jupiter

Der Gattungsname *Salvia* kommt aus dem lateinischen *salvare* und bedeutet „retten" – ein passender Name für diese kraftvolle und schützende Pflanze. Auf der ganzen Welt sind verschiedene Salbeiarten zu finden, und diese Karte verkörpert den Spirit dieser wertvollen und alten Pflanze.

Die indigenen Völker Amerikas und Kanadas verwenden Salbei seit Tausenden von Jahren bei Zeremonien zur inneren und äußeren Reinigung. Salbei gilt als Allheilmittel für viele Krankheiten. Man verwendet ihn auch für Schwitzhütten, wickelt heilige Gegenstände darin ein und bewahrt ihn in Medizinbeuteln auf. Salbei ist auch eines der wichtigsten Kräuter für das sogenannte *smudging*. Das Smudging ist ein heiliges Ritual, das von den indigenen Völkern Amerikas praktiziert wird. Es ähnelt den *limpias* in mittel- und südamerikanischen Traditionen, also Räucherungen, bei denen Rauch mit den Händen, Federn oder rituellen Gegenständen über den Körper „gestrichen" wird, um die Spirits der Ahn:innen zu segnen, zu reinigen und anzurufen.

Im alten Ägypten wurde Salbei als Heilmittel gegen Krankheiten und Epidemien wie die Pest eingesetzt. In den Gräbern der Pharaonen fand man ihn als eine der Hauptbestandteile der Einbalsamierung, da er als wichtiges Kraut für den Eintritt ins Jenseits galt. Die alten Römer betrachteten Salbei als heilige Pflanze und baten sie sogar in einer Zeremonie um Erlaubnis, sie ernten zu dürfen. Zum Sammeln der Blätter und Stängel wurde dabei ein spezielles Messer verwendet.

Wie alle Kräuter, die vom Mond regiert werden, ist auch der Salbei eine Pflanze mit starker Schwingung, die das elektromagnetische Feld beeinflusst. Der Mond beherbergt unsere Intuition und unsere Emotionen, und Mondkräuter haben großen Einfluss auf die Gezeiten unseres Unterbewusstseins, unsere Gefühle und unsere Psyche. Mondkräuter regieren auch den Darm, und Salbei ist eine dieser helfenden Pflanzen, die nicht nur unser Bauchgefühl und unser intuitives Vorgehen schärfen, sondern auch den Magen-Darm-Trakt heilen.

Inspiration: Der Salbei ist, wie die Karte des Mondes im Tarot, das große Tor zum Fluss des Lebens. Das silberne Licht des Salbeis verleiht uns Erkenntnis, während wir durch die dunkelsten Stunden navigieren. Seine lunaren Kräfte erinnern uns daran, nach innen zu schauen, um visionäre Einsichten vom Spirit zu erhalten. Lass dich nicht zu sehr von den Emotionen überwältigen, sondern lass sie wie Wolken vorüberziehen. Greife auf die inneren Reserven deiner Psyche zurück, um die Dunkelheit zu durchdringen und dir bewusst zu machen, was die innere Unruhe, Angst und das Unglücklichsein verursacht. Der Initiationsprozess, den du gerade durchlebst, ist zwar ungewohnt, aber ein großer Segen. Spüre, wie du dich auflöst und neu erfindest, während du dich von deiner Selbsttäuschung löst und so verborgene Wahrheiten aufdeckst. Gib dich hin, stehe dir nicht selbst im Weg. Erlaube dem silbrig-weißen Licht des Salbeis, alle falschen Vorstellungen auszulöschen, während du ein großes Erwachen erlebst.

7. LAPACHO
– Metamorphose –
Tabebuia impetiginosa

Bedeutung: Erkenntnis, Transzendenz des Bekannten, Aufdeckung der Angst, Nonkonformität, Zyklen durchbrechen
Umgekehrt: Ignoranz, Konventionalität, Versagensangst, Widerstand gegen Wachstum, in begrenzenden Überzeugungen feststecken
Astrologische Herrscher: Mond, Pluto

Der Lapacho – auch bekannt als *taheebo* – ist einer der schönsten Bäume der Welt. Es gibt über hundert verschiedene Arten dieses Baumes, die von vielen indigenen Völkern in Mittel- und Südamerika als Heilmittel verwendet werden.

Meistens wurde das Innere der Rinde lange Zeit gekocht und dann als dunkler, kaffeeähnlicher Tee getrunken. Der Lapacho besitzt viele medizinische Eigenschaften, die unter die Herrschaft von Mond und Pluto fallen. So gilt er etwa als Blut- und Stärkungsmittel, das bei Verdauungsstörungen, Menstruationsstörungen, Malaria, Anämie, Erkältungen, Grippe, Pilzinfektionen, Atemwegserkrankungen, Arthritis, Krebs und vielem hilft.

Für die Inkas und andere Kulturen vor ihnen war der Lapacho ein Allheilmittel. Völker, die Tausende von Kilometern voneinander entfernt lebten, haben ihn seit Hunderten, wenn nicht Tausenden von Jahren für dieselben medizinischen Zwecke verwendet. Viele Stämme nutzten das Holz dieses Baumes zur Herstellung von Bögen für die Jagd, Gebrauchsgegenständen und allen möglichen Werkzeugen. Sie glaubten, es verleihe ihnen Kraft und Widerstandsfähigkeit. Guarani, Tupi und andere indigene Stämme nannten ihn *El árbol de Yvága*, was auf Guarani „der Baum des Himmels" bedeutet. Die Milchstraße war als der Weg zum Yvága bekannt.

Inspiration: Lapacho beschützt das Heilige und heißt dich willkommen. Archetypisch betrachtet verkörpert der Lapacho eines der Gesichter der dunklen Göttin in all ihrer Pracht. Die dunkle Göttin ist vielschichtig. Sie fordert Glaubenssysteme, Schwächen und Schwachstellen heraus und stellt unsere Stärke auf die Probe. Wie Pluto verlangt die Göttin Lapacho von dir, dass du dich gegen die Ignoranz des alten Selbst und gegen gelernte Paradigmen auflehnst, die deine Selbstverwirklichung hemmen. Ihre mächtige Dunkelheit liefert die Werkzeuge, sich neu zu erschaffen und eine sofortige Metamorphose in Gang zu setzen. Fürchte dich nicht vor der unbekannten Natur des Mysteriums. Der kosmische Schoß gebiert aus seiner Dunkelheit heraus alle verborgenen Potenziale ins Licht. Vertraue darauf, denn dein Weg ist geführt und gesegnet.

8. BOBINSANA
– Vertrauen –
Calliandra angustifolia

Bedeutung: Selbstliebe, Zurückeroberung eines Herzens, Zustand des absoluten Empfangens, Dankbarkeit, Empfänglichkeit, Mitgefühl
Umgekehrt: Trennung, Trauer, gebrochenes Herz, mangelnder Selbstwert. Unfähigkeit, Liebe zu empfangen, Traurigkeit
Astrologische Herrscher: Mond, Neptun

In der Shipibo-Tradition wird Bobinsana verehrt, weil er eine Fülle von Heilwirkungen für Körper, Geist und Seele besitzt. Im Amazonasbecken beheimatet, nennen viele das Kraut *sirenita* oder „Meerjungfrau". Auf wunderschönen Gemälden, die man im Amazonasgebiet bei Schaman:inneen findet, wird es als Göttin dargestellt – ein zutiefst kreativer weiblicher Geist, der über meisterhafte Heilfähigkeiten verfügt. *Sirenita de los Rios* hilft uns, die Wunden des Herzens zu heilen: vergangene Beziehungen, Trauer, Verlust, Traurigkeit und Melancholie. Bobinsana wird oft von einem *Curandero* oder Heiler:in verschrieben, um Wunden aus der Kindheit oder eine verletzte Seele (*Susto*) zu heilen, die Anteile in einer schmerzhaften Vergangenheit zurückgelassen hat.

Ob bei speziellen schamanischen Reinigungen (*dietas*) zum spirituellen Erwachen oder als Tee aufgebrüht,

Bobinsana hilft dabei, die Herzenergie tiefgreifend zu verstärken, um die transzendente Kraft der Liebe, der Empathie, des Einsseins und die Befreiung vom Schmerz zu erfahren. Bobinsana verleiht auch die Kraft der Intuition und des luziden Träumens. Viele Anwender:innen, die Bobinsana während *dietas* oder zusammen mit anderen zeremoniellen Tränken einnehmen, erleben die Zeit anders, als ob die Grenzen zwischen Wachsein und Träumen verwischt würden. Es heißt, dass diese transzendenten Erfahrungen der Liebe jenseits von Raum und Zeit eine wunderbare Herzheilung ermöglichen.

Inspiration: Die hellen und rosafarbenen Blüten von Bobinsana durchfluten den Energiekörper mit sanftem Licht und erwecken die bedingungslose Selbstliebe. Bobinsana erinnert uns daran, dass Liebe der höchste Zustand des Empfangens ist, und daran, die nötige Selbstliebe nicht zu vergessen. Bobinsana hilft uns dabei, vergessene Orte in uns selbst wiederzuentdecken und jene Anteile unseres Herzens zu finden, die Heilung brauchen. Frage dich: Wo in deinem Herzen darfst du wieder ganz werden? Bobinsana als Medizin ist wie die von Walen und Kolibris, den fröhlichen Hütern des Heiligen, die den Zugang zum Speicher des kosmischen Herzens erleichtern. *Sirenita* erinnert dich daran, genau auf die Botschaften zu achten, die dir jetzt in Träumen, Synchronizitäten und Symbolen verschlüsselt begegnen. Mit ihrer Hilfe kannst du das große Geheimnis deines Herzenswunsches weiter erforschen.

9. KAMILLE
– Innerer Frieden –
Matricaria chamomilla

Bedeutung: Frieden, Erholung, Sanftheit, Reinheit, anmutige Kraft, innerer Frieden, Freude, Harmonie
Umgekehrt: Disharmonie, emotionaler Kummer, übermäßige Sorgen, Erschöpfung, Ängstlichkeit
Astrologische Herrscher: Mond, Sonne

Das Wort Kamille leitet sich vom griechischen *chamomaela* ab, was „Bodenapfel" bedeutet. In Spanien wird sie schon seit Hunderten von Jahren *manzanilla* oder „kleiner Apfel" genannt – eine Anspielung auf das erfrischende, knackige, apfelähnliche Aroma der Pflanze. Ihre Blüten verwendet man traditionell in Tees, Tinkturen und Rezepturen zur Behandlung von Angstzuständen, Schlaflosigkeit, Depressionen, Verdauungsstörungen, als Antiseptikum und vielem mehr.

Im alten Ägypten galt die Kamille als heilig und wurde als Räucherwerk genutzt, um den Sonnengott Ra zu ehren. Die alten Römer und Griechen schätzten die Kamille wegen ihrer medizinischen Eigenschaften und verwendeten sie als Heiltrank und zur Linderung von Hautkrankheiten. Im Mittelalter verschrieben europäische Ärzte häufig Kamillensirupe und -salben zur Behandlung verschiedener Beschwerden, und sie wurde als Bitterstoff in Bier verwendet. Die Wikinger betrachteten die Kamille als eines der neun heiligen Kräuter und verwendeten sie zur Beruhigung der Verdauung und als Haarspülung, um ihren Haaren Kraft und Glanz zu verleihen.

Obwohl die Kamille die strahlende Sonne verkörpert, sind ihre medizinischen Qualitäten auch auf den Archetyp des Mondes ausgerichtet. Der Mond regiert das Magen-Darm-System, den Emotionalkörper und das Nervensystem. Auf der Seelenebene helfen uns die Kamillenblüten, gespeicherte emotionale Spannungen im Magen, im Nervensystem und im Solarplexus loszulassen. Die Kamille nährt unsere Gefühlswelt und kann emotionale Not und psychischen Stress lindern.

Inspiration: Wenn du feststellst, dass du oft von Kleinigkeiten getriggert wirst, sei dir bewusst, dass sie auf Dauer chronische Disharmonie und Angst auslösen können. Die Kamille erinnert dich heute daran, deine Ängste nicht auf das Leben oder andere zu projizieren. Erlaube dir, inneren Frieden zu finden, und schenke dir die größte Liebe, die du dir vorstellen kannst. Die Kamille, genau wie die Energie des Rehs, bringt einen Kern der Unschuld, der Wärme und des Lichts in uns zum Vorschein. Das Reh segnet uns mit der Kraft der Sanftmut, um unsere Wunden und die von anderen zu heilen. Du musst dabei gar nicht so viel machen, es ist die Sanftmut des Spirits, die alles heilt.

10. BEIFUSS
– Psychische Heilung –
Artemisia vulgaris

Bedeutung: Traumarbeit, der Bereich des Übergangs, andere Realitäten, Hellsichtigkeit, Blick in die Zukunft
Umgekehrt: Dazwischen stecken, Täuschung, Illusionen. Im Labyrinth verloren, orientierungslos sein. Verwirrung
Astrologische Herrscher: Mond, Neptun

Alle Pflanzen der *Artemisia*-Familie sind der Mondgöttin Artemis gewidmet, und Beifuß ist eng mit dem Feenreich verbunden. Historisch gesehen wurde diese Pflanze in vielen Kulturen zum Schutz vor bösen Geistern, parasitären Wesenheiten, dunkler Energie und Verhexungen eingesetzt. Der Beifuß und seine erweiterte Familie sind mit dem Mond verbunden und symbolisieren unsere Intuition, unsere Träume und unser Unterbewusstsein. Das silberne Licht des Mondes erhellt den Weg zu höherem Bewusstsein, der sich durch *La Selva Subterránea*, den unterirdischen Wald, schlängelt. Der Mond steht für unseren Emotionalkörper, das Schattenselbst, die Unterwelt, übersinnliche Fähigkeiten und das Okkulte. Seine dunkle Seite kann Illusionen, Ängste und Gefühle von Trennung und Unverbundenheit auslösen. Beifuß verleiht uns die Kraft, mit unserem Schatten zu arbeiten und schützt uns vor parasitären Wesenheiten, denen wir begegnen könnten, wenn wir tief in unsere Psyche eintauchen.

Beifuß ist eine widerstandsfähige Pflanze, die unter Bedingungen wächst, unter denen andere Kräuter nicht gedeihen. Dieses bittere Kraut wurde traditionell als Stärkungsmittel für Magen- und Darmbeschwerden empfohlen, u.a. als Mittel zur Reinigung von Parasiten und zur Unterstützung einer schwachen Verdauung. Dem Mond wird nachgesagt, dass er direkt den Magen, den Darm in seiner Gesamtheit und die Flüssigkeitsregulierung im Körper steuert. Es ist also kein Zufall, dass *Artemisia*, das Kraut der Mondgöttin, chronische Magen- und Darmbeschwerden erheblich lindert.

Inspiration: Artemis, die Mondgöttin, und ihre weise, weiße Eule begegnen dir, wenn du den Grenzbereich zwischen einer Lebensphase und der nächsten betrittst. Dein Kanal ist weit geöffnet. Sie zeigt dir, wie du deine übersinnlichen Kräfte nutzen kannst, um diese Prüfung im Schattenreich zu bestehen. Du bist nicht verloren. Oftmals dämmert die größte Klarheit nach den dunkelsten Stunden. Die Eule bittet dich, deine seherischen Fähigkeiten zu nutzen, um Aspekte deines Lebens in den Fokus zu nehmen, die vielleicht noch im Dunkeln liegen. Lasse los, was deiner Hingabe nicht würdig ist. Lösche zerstörerische Kräfte aus. Achte auf die Zeichen und Omen, die sich dir auf deinem Weg durch das Labyrinth des unterirdischen Waldes zeigen.

11. DAMIANA
– Die Liebenden –
Turnera diffusa

Bedeutung: Magnetismus, Anziehung, Seelenverwandtschaft, Beziehungen, Intimität, heiliges Spiel, den/die Geliebte:n im Inneren finden
Umgekehrt: Lust, Mangel an Liebe, sich ungeliebt fühlen, Trennung, Unerreichbarkeit projizieren, Desinteresse, Unbefriedigung, Starrheit
Astrologische Herrscher: Venus, Pluto

Damiana ist in Mittel- und Südamerika beheimatet und wurde schon von den Maya und Azteken verwendet. Traditionell gilt Damiana als Pflanze, die verjüngend wirkt, die sexuelle Vitalität fördert und das Fortpflanzungssystem stärkt; außerdem wird sie häufig bei Depressionen und Angstzuständen eingesetzt.

Für einen klassischen Liebestrank der Maya und anderer indigener Völker in Mexiko presst man den Saft aus den Blättern und Blüten der Damiana und süßt mit Rohrzucker. Zeremonielle Getränke der Maya, die bei religiösen Ritualen verwendet wurden, enthielten oft Damiana und/oder Kakao. Die Maya kauten auch auf den Blättern, verwendeten sie als Wickelumschläge und nutzten den Rauch zur Entspannung und zur Reinigung der Lungen. Ihre Bezeichnung für Damiana bedeutete wörtlich „Asthma-Besen".

In der Volksheilkunde ganz Amerikas gilt Damiana als Aphrodisiakum, Antidepressivum, Tonikum, Diuretikum und Hustenlöser. Es wurde auch zur Behandlung von Menstruationsunregelmäßigkeiten und -krämpfen, Verstopfung, Asthma, Bronchitis, Kopfschmerzen, Magenschmerzen, Magengeschwüren, Leistungsangst und vielem mehr empfohlen.

Wie Damiana soll auch Venus, der Planet der Schönheit und der Kunst, die Metamorphose der Zellen – ihre Vermehrung und Verwandlung – regeln sowie zur Erhaltung des Körpers, des Fortpflanzungssystems und der Harmonie zwischen allen Körpersystemen beitragen.

Inspiration: Damiana steht für das universelle Prinzip des/der Geliebten, in Beziehungen sowie in uns selbst. Wir bestehen aus einer Alchemie der Polarität, und Liebe kann diese Gegensätze integrieren. Diese Karte steht für die Wiedervereinigung mit sich selbst, einem/r Geliebten, Freund, Familienmitglied oder einer anderen wichtigen Person in deinem Leben. Du befindest dich in einer wichtigen Phase, in der es darum geht, Entscheidungen zu treffen und gesunde Grenzen zu ziehen, vor allem mit denjenigen, deren Beziehung du vertiefen, oder mit denen, von denen du dich distanzieren möchtest. Damiana erinnert uns daran, wie wichtig es ist, die innere Erstarrung abzuschütteln, die oft die Kreativität einschränkt. Wenn du unzufrieden bist und dich emotional nicht öffnen kannst, selbst für diejenigen, die du liebst, dann nimm dir die Zeit, dich in die Einsamkeit zurückzuziehen und deine Kreativität anzuregen. Oft wird die Trennung zur Grundlage, um sich auf einer höheren Frequenz erneut zu vereinen. Wahre Selbstliebe ist der Schlüssel zu dauerhaften Beziehungen mit anderen und vor allem mit dir selbst.

12. ROSE
– Liebe –
Rosa

Bedeutung: Vereinigung, Glückseligkeit, bedingungslose Liebe, Verschmelzung mit dem/r anderen, Einheit, Nahrung, Reinheit
Umgekehrt: bedingte Liebe, Geheimniskrämerei, Trennung, vom Heiligen getrennt sein
Astrologische Herrscher: Venus, Mond

In den alten Texten des Ayurveda und der traditionellen chinesischen Medizin spielt die Rose eine wichtige Rolle, vor allem wenn es darum geht, die Emotionen ins Gleichgewicht zu bringen, das Herz von Depressionen und Trauer zu befreien und psycho-spirituelle Ungleichgewichte zu behandeln.

Die Rose ist der Aphrodite, der Göttin der Liebe und Schönheit, geweiht. Seit der Antike und in allen Kulturen wurde die Rose mit Liebe, Leidenschaft, Hingabe und Lust in Verbindung gebracht. Die Römer, Griechen und okkulte Kreise ließen bei streng vertraulichen Treffen Rosen an der Decke anbringen.

Rosen stehen für alle Aspekte der Göttin, der allmächtigen Schöpferin: die Fähigkeit zu lieben, zu nähren, Freude zu erleben und die Schönheit in allen Dingen zu sehen. Diese Blume ist so beliebt, dass sie ihren großen Auftritt bei Eheschließungen hat. Rosen füllen

Vasen, werden von den Teilnehmenden und Gästen am Revers getragen und auf den Boden gestreut, um die Liebe des Paares zu segnen.

Die Kräuter der Venus sind weiblich, sanft, entspannend und ausgleichend. Medizinisch gesehen hat die Rose die Kraft, die Stimmung zu heben und das Herz und das Herz-Kreislauf-System zu nähren. Sie ist ein hervorragendes Gebärmuttertonikum, das Fruchtbarkeit und Vitalität fördert. Die antiseptische Wirkung der Rose macht sie zu einem ausgezeichneten Heilmittel für Wunden und Blutergüsse. Außerdem lindert sie Krämpfe in den Atemwegen, im Darm und in den Muskeln. Die medizinischen und energetischen Qualitäten der Rose ähneln der archetypischen Natur der Venus und des Mondes.

Inspiration: Es ist an der Zeit, mehr Liebe in deinem Leben zuzulassen. Erlaube dem Vertrauen und der Zweisamkeit, dein Herz zu heilen und zu öffnen. Wie die Rose erhebst du dich aus dem rauen Boden, über den Weg der Dornen und Herausforderungen, während du auf deinem spirituellen Weg wächst und erblühst. Schaue tief in dein Herz und erkenne, wo du vielleicht mehr Liebe und Zuneigung brauchst. Die weiße Taube erinnert uns daran, dass wir durch kindliches Vertrauen auch die schwierigsten Wege mit Freude und Präsenz gehen können. Erinnere dich daran, dass die Liebe der Schlüssel ist, und dass du mit ihrer Hilfe alles manifestieren kannst. Stimme deine

Kreativität und jede sexuelle und nährende Verbindung auf die Schwingungskraft der bedingungslosen Liebe ein.

13. ECHTES HERZGESPANN
– Kraft –
Leonurus cardiaca

Bedeutung: Stärke, Essenz der Schöpfung, Verbindung mit der Schöpferin im Inneren, Fruchtbarkeit, Geburt, Kreativität, inneres Vertrauen
Umgekehrt: Schwäche, Gefühl der Erschöpfung, ungeöffnetes Herz, Enttäuschung, Abkopplung von der Schöpfung, Mangel an Kreativität
Astrologischer Herrscher: Venus

Der botanische Name *Leonurus cardiaca* leitet sich vom altgriechischen *leon* für Löwe und *oura* für Schwanz ab und bezieht sich auf die Blätter der Pflanze, die dem Schwanz eines Löwen ähneln. *Cardiaca* bezieht sich auf die Wirkung der Pflanze auf das Herz. Insgesamt bedeutet der Name „Löwenherz", ein Begriff, der auf die Wirkung von Echtem Herzgespann auf das physische Herz-Kreislauf-System und das emotionale/spirituelle Herz hinweist. Echtes Herzgespann wird sowohl in Europa als auch in Asien seit Langem verwendet und zählt zu den klassischen Frauenheilmitteln.

Viele Kulturen ehrten mit dem Echten Herzgespann ihre Fruchtbarkeitsgöttinnen, da das Kraut mit der Venus und dem Mond korrespondiert. Es galt als Schutzpflanze, um schwangere Frauen und ihre ungeborenen Kinder vor Neid oder unguten Umständen zu schützen. Oft wurde es um das Haus herum gepflanzt oder an Türen aufgehängt, da es unerwünschte Gäste, sowohl physische als auch übernatürliche, fernhalten sollte. Echtes Herzgespann wurde geräuchert, um die bösen Geister aus dem Haus zu vertreiben. Viele Herzgespann-Arten verwendete man zum Schutz des Herzens und um Flüche abzuwehren.

Im japanischen Volksglauben erzählt man sich von einer Stadt, deren Hauptwasserquelle ein Bach war, der von Regenwasser gespeist wurde, das durch Hügel aus Echtem Herzgespann floss. Die Bewohner des Dorfes tranken täglich aus diesem Bach und wurden mit einem außerordentlich langen Leben beschenkt – sie wurden bis zu 130 Jahre alt. Die alten Griechen verordneten das Echte Herzgespann zur Behandlung von Angstzuständen, Depressionen, Herzklopfen und Nervosität bei schwangeren Frauen. In der traditionellen chinesischen Medizin wird es zur Belebung des Blutes eingesetzt.

Inspiration: Wie das Strahlen eines Löwenherzens stärkt die Energie des Echten Herzgespanns das innere Vertrauen und die Zuversicht. Das löwenherzartige Kraut steht für die Schönheit, die wir besitzen, wenn wir uns die Kraft unserer Gaben und unserer Kreativität zu eigen machen. Die Göttin sitzt in der Mitte, während sich der Löwe in einem Zustand friedlicher Freude an sie lehnt. Dies symbolisiert den unerschütterlichen Glauben, den wir bewahren müssen, um alte Ängste zu überwinden. Venus, die planetarische Herrscherin, ist wie eine Hebamme für unser Glück; sie kanalisiert, wie wir unsere Herzenswünsche annehmen und weitergeben. Finde neue Wege, um deine Kreativität zu fördern, die deine Leidenschaften und deine Stärke zum Vorschein bringen. Widme dich der Fruchtbarkeit deiner Talente und nimm mutig deine göttliche Bestimmung an.

14. HIBISKUS
– Freude –
Hibiscus sabdariffa

Bedeutung: Nektar, Anmut, Sinnlichkeit, Schönheit, göttliche Weiblichkeit, nährend, Kreativität, Überfluss
Umgekehrt: Traurigkeit, Unsicherheit, Unglücklichsein, Unwürdigkeit, mangelnde Freude, Selbstzweifel
Astrologische Herrscher: Venus, Pluto

Im alten Ägypten nutzte man Hibiskustee oder *Karkade* häufig zur Senkung der Körpertemperatur, als harntreibendes Mittel und zur Behandlung von Herz- und Nervenerkrankungen. In Afrika verordnete man Hibiskus als Magen-Darm-Mittel, da er bei Verstopfung half und die Leber unterstützte. In der hinduistischen Mythologie ist Hibiskus eng mit der Göttin Kali verbunden, der dunklen Göttin des Todes, der Zeit und des Wandels. Rote Hibiskusblüten werden Kali oft als Opfergabe dargebracht und stehen für das göttliche Bewusstsein.

In Mexiko und Mittelamerika wird Hibiskus *flor de jamaica* genannt und seit Hunderten von Jahren zur Herstellung von Heilsäften verwendet. Aus Hibiskus bereitet man vor allem Tees und Umschläge zu, aber auch in Schönheitsritualen kommt er zum Einsatz, insbesondere als Gesichtswasser, da er die Haut nährt und strafft. Mittelamerikanische Hebammen verwendeten ihn während und nach der Geburt, um die Gebärmutter zu tonisieren und Blutungen zu stillen. Aufgrund seiner zusammenziehenden Eigenschaften hilft ein Brei aus den Blättern bei Wunden und Schnitten.

Hibiskus, der von der Venus regiert wird, verkörpert die Kraft des göttlichen Weiblichen: Anmut, Schönheit, Kreativität und Harmonie. Venuskräuter sind Kräuter, die das Herz-Kreislauf-System, die Fortpflanzungsorgane, das Blut, die Nieren, die Schilddrüse und die Nebenschilddrüse stärken. Hibiskus löst Blockaden im ersten und zweiten Energiezentrum auf und öffnet die Kanäle an der Basis der Wirbelsäule, die Fortpflanzungszentren und den unteren Rücken.

Inspiration: Du bist die Essenz der Anmut, das, was das Universum in Form bringt. Du hältst und wiegst das Leben. Du bist die/der Ernährer:in. Deine Anwesenheit erfrischt und erfreut andere. Bringe deine Kreativität zum Ausdruck, um dir diese farbenfrohe Energie immer zu verdeutlichen. Wie der Kolibri bist du ein Geschöpf des Nektars, ein/e Träger:in der göttlichen Liebe und Freude. Umgekehrt kann der Kolibri für die Unfähigkeit stehen, die vielen Segnungen zu erkennen, die dir zuteilgeworden sind. Scheue dich nicht vor deiner Kraft; du bist ihrer würdig. Folge dem Tanz des Kolibris, reise in deine Traurigkeit und wisse, dass dieser Schmerz nur ein Faden im Stoff der Freude ist.

15. SCHAFGARBE
– Harmonie –
Achillea millefolium

Bedeutung: Gleichgewicht, Ausgeglichenheit, Unterscheidungsvermögen, seelischer Schutz, divinatorisches Einfühlungsvermögen, Sensibilität
Umgekehrt: Unausgeglichenheit, emotional ausgelaugt sein, fehlende Grenzen, übermäßig sensibel, selbstkritisch, kurz vor dem Burn-out
Astrologischer Herrscher: Venus

Der lateinische Name der Schafgarbe stammt von Achilles, dem Helden der griechischen Sage, der seinen Soldaten während des Trojanischen Krieges Schafgarbe zur Wundheilung und Blutstillung gab. Die Schafgarbe wird schon seit Tausenden von Jahren in Heilsystemen wie Ayurveda, der traditionellen chinesischen Medizin und bei den Native Americans verwendet. In Spanien wurde ein 50.000 Jahre alter Neandertaler-Schädel mit Spuren von Schafgarbe in den Zähnen gefunden.

Die Schafgarbe gilt seit jeher auch als Pflanze zur Weissagung. In China werden die Stängel der Schafgarbe gesammelt und die geradlinigsten davon zur Deutung des *I Ging* verwendet. In europäischen Traditionen wird sie Teufelsnessel oder Teufelsspielzeug genannt und war eines der Kräuter, die dem Bösen geweiht und für Wahrsagerei und Zaubersprüche beliebt waren.

Die von der Venus beherrschte Schafgarbe soll von disharmonischen Mustern befreien und dabei helfen, sich von festsitzendem Kummer oder tiefer Depression zu befreien. Die Schafgarbe verkörpert Harmonie, ein Schlüsselkonzept der Venussymbolik. Die ausgleichende Kraft des Tierkreiszeichens Waage – über das die Venus herrscht – ist eine passende Metapher für die harmonisierende Wirkung der Schafgarbe als Medizin. Als archetypische Manifestation von Schönheit und Ästhetik steht Venus auch für Selbstliebe, Einheit und Einfühlungsvermögen.

Inspiration: Wenn du dich emotional ausgelaugt oder zu sensibel für die heutige Welt fühlst, ist es an der Zeit, feste Grenzen zu setzen, um wieder ins Gleichgewicht zu kommen. Nutze deine empathischen Fähigkeiten, um deine übersinnlichen Kräfte zu erden. Erlaube deiner Sensibilität, ein Filter dafür zu sein, was in deinem psychischen Feld erlaubt ist und was nicht. Wie die Magie, die der Silberreiher in sich trägt, bewegst du dich langsam und präzise durch die emotionalen Gewässer. Der Reiher lehrt uns die Kraft der Selbstreflexion als einen Weg, urteilende Projektionen und einen geringen Selbstwert zu überwinden. Ziehe klare Grenzen und betrachte dich aus einer distanzierten Perspektive; gib nicht Situationen oder anderen die Schuld dafür, dass du feststeckst. Das weiße Licht der Schafgarbe lehrt uns, die Kraft der Abgrenzung zu nutzen und dabei sanft im Prozess der Selbstfindung zu bleiben.

16. JUCKBOHNE
– Reise –
Mucuna pruriens

Bedeutung: Zustand des Übergangs, das Vertraute hinter sich lassen, sich auf das Unbekannte zubewegen, Verbindung zum höheren Geist, Vertrauen in ein höheres Bewusstsein
Umgekehrt: Bequemlichkeit, mangelndes Vertrauen in das Unbekannte, Widerstand gegen Veränderungen, Mangel an Spontaneität
Astrologische Herrscher: Merkur, Uranus

Die großen, samtigen Bohnen der Juckbohne – auch *Nescafe* genannt – werden schon seit Hunderten von Jahren geröstet und gemahlen, um Kaffee-Ersatz herzustellen, doch die Pflanze fand schon vor Tausenden von Jahren in traditionellen Heilmethoden Anwendung. In der ayurvedischen Medizin ist sie als *Kapikacchu* bekannt und wird zur Behandlung von Parasiten, Stress, Angstzuständen, rheumatischen Beschwerden, Menstruationsproblemen, Diabetes und sogar Krebs verordnet. In Indien gilt sie als Aphrodisiakum, Menstruationsförderer, Gebärmutterstimulans, Nerventonikum und Blutreiniger.

In der traditionellen chinesischen Medizin und in der daoistischen Kräutertradition wurde die Juckbohne als eine die Lebensessenz (oder *Jing*) stärkende Pflanze eingestuft. Pflanzen, die in diese Kategorie fallen, haben eine stark verjüngende Wirkung. Die Juckbohne hat einen extrem regenerierenden Effekt auf das Gehirn, das Nervensystem und das Hormonsystem. Man geht davon aus, dass das *Jing* im Alter oder bei Stress abnimmt, aber von Pflanzen wie der Juckbohne wieder aufgefüllt werden kann.

Studien zeigen, dass *Mucuna pruriens* als alternative Behandlungsmethode für Parkinson infrage kommt. Sein hoher Gehalt an L-Dopa bewirkt, dass das Gehirn Dopamin freisetzt und die Hypophyse anregt, Wachstumshormone zu produzieren und den Testosteronspiegel zu erhöhen.

Die Juckbohne wird sowohl von Merkur als auch von Uranus regiert, da viele ihrer chemischen Bestandteile wichtige Neurotransmitter im Gehirn stimulieren, die auch als Moleküle des höheren Bewusstseins bekannt sind. Sie regt die Zirbeldrüse an, die auch als drittes Auge oder Sitz der Seele bekannt ist. Die Juckbohne energetisiert und aktiviert die Meridiane im Körper-Geist-System und ist damit eine der größten bewusstseinserweiternden Pflanzen der Natur.

Inspiration: Vielleicht befindest du dich in einer Übergangsphase, in der du vertrautes Terrain verlässt und dich auf eine neue Reise begibst. Dein Bauchgefühl sagt dir, dass es Zeit für eine Veränderung ist und du einen neuen physischen Raum und/oder ein neues Bewusstseinsfeld betreten sollst. Die Kräfte von Merkur und Uranus zeigen sich oft in Form von Gelegenheiten aus heiterem Himmel. Das ist die Kraft des höheren Minds, der günstige Umstände anzieht, die der Frequenz deines Geistes entsprechen. Wehre dich nicht aus Bequemlichkeit gegen diese Reise. Die überwältigenden Emotionen, die vor großen Chancen auftauchen, signalisieren Wachstumschancen. Auch wenn die Gewässer manchmal unruhig erscheinen mögen, wird das Meer der Möglichkeiten, die vor dir liegen, ruhig sein. Lass alles los, was dich zurückhält, egal ob es aus der Vergangenheit oder der Gegenwart stammt, und richte deinen Blick fest auf dein zukünftiges Ich.

17. GOTU KOLA
– Höheres Bewusstsein –
Centella asiatica

Bedeutung: Eremit, Einsamkeit, Seelensuche, Erkenntnis, höheres Wissen, Erleuchtung
Umgekehrt: Einsamkeit, Unsicherheit, Entfremdung, Isolation, Verwirrung, Zweifel
Astrologische Herrscher: Merkur, Mond

Manche Pflanzen ähneln den Teilen des menschlichen Körpers, auf die sie einwirken – ein natürliches Phänomen, das als „Signaturenlehre" bezeichnet wird – und das sich im Fall von Gotu Kola, auch Tigergras genannt, bewahrheitet: Es ist wie das menschliche Gehirn geformt. Seit Tausenden von Jahren wird diese Pflanze in Indien zur Förderung der Konzentration, der kognitiven Funktionen und der allgemeinen geistigen Leistungsfähigkeit eingesetzt. Es wirkt harmonisierend und heilend.

Der daoistische Meister und Kräuterkundler Li Ching-Yuen, der im Alter von 256 Jahren gestorben sein soll, studierte diese Pflanze akribisch. Sie wurde auch zur Entspannung des Nervensystems, zur Behebung von Nervenverletzungen und zum Abbau von Stress und Ängsten empfohlen. Im Ayurveda wird Gotu Kola als *Rasayana*, als machtvolles Verjüngungskraut, verordnet, weil es das Gleichgewicht wiederherstellt und viele Aspekte von Körper und Geist nährt.

Alte ayurvedische Texte verweisen auf die spirituell fördernden Eigenschaften der Pflanze, da sie die rechte und linke Gehirnhälfte ausgleichen und das Bewusstsein erweitern kann. Die moderne Wissenschaft bestätigt, dass Gotu Kola in der Lage ist, die Funktion von Gehirnzellen und Nerven wiederherzustellen, den Blutkreislauf zu verbessern, die Verdauung anzuregen und die Wundheilung zu beschleunigen.

Gotu Kola wird sowohl von Merkur als auch von Uranus regiert, denn es steigert nicht nur die Durchblutung des Gehirns, sondern fördert auch Wachsamkeit, Konzentration und Auffassungsgabe. Gotu Kola wird auch als „Kraut der Erleuchtung" bezeichnet und regt die Vorstellungskraft an, indem es das klare Bewusstsein und den Scharfsinn fördert – Eigenschaften, die sowohl Merkur (der bewusste Verstand) als auch Uranus (das höhere Selbst, in Sanskrit auch *Ātman* genannt) zugerechnet werden.

Inspiration: Gotu Kola signalisiert wie ein weiser Eremit, dass du durch Einsamkeit und Vertrauen zu großer Weisheit gelangen kannst. Du begibst dich in eine Phase tiefer innerer Betrachtung. Die Suche nach Antworten erfordert Alleinsein und eine Abkehr vom Alltag. Gotu Kola begleitet dich mit Präzision durch die unentdeckten Pfade des Unterbewusstseins, geleitet vom Licht des Nordsterns. Du begibst dich auf eine neue und höhere Stufe des Seins. Wenn du dich einsam oder entfremdet fühlst, lebst du vielleicht so, dass es deiner eigenen tiefen Wahrheit nicht entspricht. Dies ist eine Zeit der Selbstbeobachtung – eine Zeit der Ruhe, der Meditation und der inneren Arbeit. Du bist dabei, dich zu wandeln. Verbinde dich dafür jeden Tag mit deinem höheren Selbst.

18. LÖWENMÄHNE
– Führung –
Hericium erinaceus

Bedeutung: heilige Männlichkeit, Führung, Ehrgeiz, Versorger, Willensstärke, spirituelle Kraft
Umgekehrt: Egoismus, Eitelkeit, Eigennutz, Absichtslosigkeit, Macht, Apathie
Astrologische Herrscher: Merkur, Uranus

Löwenmähne wird in den Hochgebirgsregionen Asiens schon seit über 2.000 Jahren als Nahrungsmittel und Medizin verwendet. Die Spitznamen des Pilzes lauten „Bartzahn" oder „Bommelpilz". In der traditionellen chinesischen Medizin wird er als *Hou Tou Gu* oder „Affenkopfpilz" bezeichnet, und in Japan heißt er *Yamabushitake.*

Während der chinesischen Dynastien sollen buddhistische Mönche Löwenmähne als nahrhaftes Lebensmittel und als Tee zu sich genommen haben, um sich während der Meditation besser konzentrieren zu können und die Gehirnleistung zu steigern. In der traditionellen chinesischen Medizin wurde Löwenmähne zur Bekämpfung von *Qi*-Mangel (*Qi* ist die Lebenskraft), zur Stärkung von Leber, Milz, Lunge, Herz und Nieren, zur Stärkung des Darms und sogar zur Krebsbekämpfung eingesetzt.

Die moderne Forschung zeigt, dass Löwenmähne ein nährstoffreicher Pilz mit vielen heilenden Eigenschaften ist, der zum Beispiel das Wachstum von Neuronen im Gehirn anregt und bei neurologischen Erkrankungen hilft. Löwenmähne hat die Fähigkeit, das Nervenwachstums zu unterstützen, da der Pilz es dem Gehirn ermöglicht, sich selbst zu heilen, und so die Wahrnehmung, das Gedächtnis und die geistige Leistungsfähigkeit zu verbessern.

Die Art und Weise, wie dieser Pilz die Wahrnehmung und die geistigen Fähigkeiten erweitern kann, wird den Kräften des Merkur zugeschrieben. Merkur, auch als Götterbote bekannt, ist ein großer Kommunikator und steht für Scharfsinn, Intelligenz und den freien Fluss von Energie. Löwenmähne wird auch von der Sonne regiert, denn der Pilz sorgt für Vitalität, Langlebigkeit, Belastbarkeit und Anpassungsfähigkeit.

Inspiration: Der Löwe ist ein Symbol für Kraft, *Animus*, die ursprüngliche Essenz des heiligen Männlichen, die sich als unerbittliche Entschlossenheit, Ehrgeiz, Fokus und Wille ausdrückt. Wenn wir der Löwenmähne begegnen, spüren wir sofort eine königliche und großzügige Präsenz. Wenn sie aus dem Gleichgewicht geraten ist, blockieren Eitelkeit und übermäßiger Konsum den Fluss der Liebe, die den Ehrgeiz triggert. Macht ist nicht mächtig, wenn du andere oder dich selbst herabsetzt. Du bist Träger:in von purer Macht und kannst sogar zerstörerisch sein, wenn du nicht auf die Konsequenzen achtest. Führe dein Leben von einem Space mitfühlender Führung aus, und der Rest wird folgen.

19. TULSI
– Reichtum –
Ocimum sanctum

Bedeutung: wahrer Reichtum, Wohlstand, Charisma, Lebensfreude, Luxus, Schönheit, Verheißungen
Umgekehrt: Naivität, Eitelkeit, Unwissenheit, Leere, Unreife, Besessenheit von der materiellen Welt
Astrologische Herrscher: Merkur, Jupiter

Tulsi oder *Tulasi* genannt und ebenfalls als Heiliges Basilikum bekannt, wird in alten ayurvedischen Texten, die teilweise bis 5.000 v. Chr. zurückreichen, häufig als eine der Hauptsäulen der Kräutermedizin erwähnt. Es ist als die „Unvergleichliche", die „Königin der Kräuter" und die „Mutter der Naturmedizin" bekannt.

Im alten vedischen Text, der Bhagavata Purana, wird die Königin der Kräuter als pflanzliche Verkörperung von Lakshmi beschrieben, der Frau von Vishnu und Göttin des Reichtums und der Großzügigkeit. In der hinduistischen Mythologie gilt Tulsi als lebendiges Tor zwischen Himmel und Erde und wird als Manifestation des Göttlichen im Inneren angesehen. Entlang der Handelsrouten von Asien nach Europa verwendeten die Christen Tulsi in Ritualen und nannten es „heiliges Basilikum". In allen Kulturen wurde Tulsi als Symbol der Göttlichkeit und Reinheit betrachtet.

Tulsi ist in vielen ayurvedischen Rezepturen enthalten und gilt als *Rasayana*, als Meisterpflanze, die zu Langlebigkeit und Verjüngung beiträgt. Tulsi wird zur Behandlung von Blähungen, Erkältungen, Grippe, Kopfschmerzen, Migräne, Angstzuständen, Schwäche, Gedächtnisstörungen, vorzeitiger Alterung, Tumoren und vielem mehr eingesetzt.

Mit der Fähigkeit, den zerebralen Kreislauf und das Gedächtnis zu verbessern, verkörpert Tulsi in hohem Maße den Archetyp des Merkurs, des großen Kommunikators, der unser Bewusstsein, unsere Wahrnehmung und unser Verständnis sowie vor allem das Nervensystem und die Atmung regiert. Tulsi wird auch von Jupiter beherrscht, da sie als anpassungsfähige Pflanze die Langlebigkeit und Immunität erhöht und gleichzeitig eine stark optimistische Natur besitzt, die die spirituellen Fähigkeiten fördert.

Inspiration: Die Göttin Tulasi steht stolz vor ihrem wunderschönen Pfau, der den Himmel auf Erden symbolisiert. Voller Anmut richtet sie ihre Arme wie Zauberstäbe aus, um Magie und Reichtum zu beschwören. Der Brunnen steht in der Mitte zwischen der Göttin und dem Pfau und symbolisiert die Quelle, die zwischen der Erde, der manifesten Welt, und dem Himmel, der geistigen Welt, entsteht. Der Pfau verkörpert die Medizin des Glücks, der Magie und der Schönheit und erinnert uns daran, dass wir das lebendige Tor zum größten aller Geheimnisse sind. Diese Karte lehrt uns, dass der Schlüssel zu Jupiters Fülle und Weisheit darin liegt, aus einem Space des Staunens, der Unschuld und der Makellosigkeit (Merkur) heraus zu leben, zu erschaffen und zu kommunizieren – anstatt aus Zweifel und Verwirrung. Lass dich nicht von materiellem Besitz oder der Eitelkeit der Welt täuschen. Stimme dich auf die tieferen Realitäten um dich herum ein, sei spontan und feiere dich so, wie du bist.

20. LAVENDEL
– Weberin –
Lavandula officinalis

Aufrecht: Weber:in der Potenziale, Neuanfänge, intuitiver Intellekt, kontemplative Phase, emotionale Erfüllung, im Einklang sein
Umgekehrt: unruhiger Geist. Unfähigkeit, Chancen zu sehen. Mangeldenken, Misstrauen, übermäßig kritisch sein
Astrologischer Herrscher: Merkur

Die Verwendung von Lavendel ist seit über 2.500 Jahren belegt. Sein Name leitet sich von dem lateinischen Verb *lavare* ab, das „waschen" bedeutet. Im alten Ägypten wurde Lavendel häufig zur Reinigung, Parfümierung, Einbalsamierung und Mumifizierung eingesetzt. Man nutzte ihn zur Körperpflege und energetisch zur Klärung des Geistes. Im Grab von Tutanchamun wurden Krüge mit heilenden Salben gefunden, die Lavendel und andere Kräuter wie den Blauen Lotus enthielten. Diese heiligen Salben wurden von königlichen Familien und Hohepriestern als Parfüm und Heilöle verwendet.

Die alten Griechen und Römer lernten von den Ägyptern viel über die Heilkraft von Parfüm und medizinischen Düften. Griechische Ärzte empfahlen, die Brüste mit Lavendelöl zu salben, da sie angeblich der

Sitz des Herzens wären. Dioskurides, ein griechischer Militärarzt, stellte fest, dass Lavendel eine großartige Medizin war, die innerlich gegen Kopfschmerzen, Verdauungsstörungen, Menstruationsbeschwerden, Magenverstimmungen und Halsschmerzen zum Einsatz kam; äußerlich wurde Lavendel als Antiseptikum, zur Unterstützung bei Verbrennungen oder zur Behandlung von Hautkrankheiten verordnet.

Im Mittelalter und in der Renaissance massierten Frauen oft ihre Brüste mit Lavendel, um Schmerzen zu lindern und die Milchbildung zu fördern; er wurde auch als medizinisches Parfüm und zur Wundheilung verwendet.

Medizinisch gesehen wirkt Lavendel nervenstärkend und gilt als Entspannungsmittel für das Nervensystem, das zur Beruhigung beitragen, den Schlaf fördern, das Gedächtnis verbessern, Schmerzen lindern und die Stimmung heben kann. Schon das Einatmen regt die geistigen Prozesse an, bündelt die Energie, sorgt für Klarheit, lindert Stress und verbessert das Gedächtnis.

Man sagt, dass Lavendel vom Sternbild Jungfrau und dem Planeten Merkur – dem Boten, dem Vermittler und Kommunikator – regiert wird. Merkur steht für die klare Intelligenz und alles, was mit dem Geist und der bewussten Wahrnehmung zu tun hat. Lavendel verkörpert die Merkur-Energie, da er geistige Kanäle öffnet, geistige Prozesse abstimmt und verfeinert und die Kommunikation und das Verstehen ermöglicht.

Inspiration: Lavendel ist wie die Medizin der Spinne auf der Karte ein Kommunikationsmeister, der viele Elemente des Lebens organisiert, verfeinert und systematisiert. Die Medizin des Lavendels verleiht uns die Kraft der Disziplin und der fokussierten Energie – Schlüsselelemente, die eine ausgerichtete Manifestation ermöglichen. Die Spinne erinnert dich heute daran, dass wir uns schnell in etwas verstricken, übermäßig kritisch sind und sogar den Fluss von Kreativität und heilender Kommunikation blockieren, wenn wir nicht aus einer höheren Ausrichtung heraus kommunizieren. Verbinde dich mit der Energie der Spirale, um tief in deine Schatten zu reisen, und erlaube diesem Ordnungssystem, bei Bedarf eine höhere Ausrichtung auf dein Fundament zu ermöglichen. Nutze die Talente des Ausdrucks wie Musik, Poesie, Kunst und Tanz, um deine Kreativität zu fördern, während du dein Leben webst.

21. BRENNNESSEL
– Aktion –
Urtica dioica

Bedeutung: Aktion, starker Beschützer, Führung, Stärke, Macht, Suche nach der Wahrheit, Dominanz
Umgekehrt: Ungeduld, Jähzorn, Frustration, Überwältigung, Kreuzritter, Rücksichtslosigkeit
Astrologische Herrscher: Mars, Pluto

Die Nessel verkörpert perfekt die stimulierenden Eigenschaften des Mars: Bei Berührung verursachen ihre aggressiven Blätter Reizungen und eine erhöhte Blutzirkulation. Die Brennnessel ist reich an Eisen, Selen, Magnesium, Chlorophyll, Kalzium, Kieselsäure und den Vitaminen A, C, E und K. Die Brennnessel gilt zwar nicht unbedingt als Heilpflanze, aber sie wirkt anregend. Ihre Härchen brennen, wenn man sie berührt, und dennoch hilft die Pflanze, Entzündungen im Körper zu regulieren.

Im alten Ägypten wurde sie zur Behandlung von Arthritis eingesetzt und die Menschen schlugen sich mit Brennnesselbündeln, um Rheuma, Erschöpfung und Cholera zu behandeln. Man nimmt an, dass die Brennnessel im Körper eine antihistaminische Reaktion auslöst, die Entzündungen und Schwellungen reduziert und so die Schmerzen bei Rheuma und Arthritis lindert. Der berühmte griechische Arzt Hippokrates verwendete die Brennnessel in über 60 verschiedenen Heilmitteln. Im Mittelalter wurde die Brennnessel zur Behandlung von Gürtelrose, Nasennebenhöhlenbeschwerden und Verstopfung verordnet.

In der nordischen Mythologie verbindet man die Brennnessel mit Thor, dem Gott des Donners, und mit Loki, dem „Trickster-Gott", dessen magisches Fischernetz aus Brennnesseln besteht. Im keltischen Volksglauben weisen dichte Brennnesselbestände auf Feenwohnungen hin, und die Brennhaare wehren Unheil, schwarze Magie und Zauberei ab. Die Angelsachsen ehrten neun heilige Kräuter, und die Brennnessel wurde in ihrem „Nine Herbs Charm" aus dem 10. Jahrhundert als Schutz vor dem „Elfenschuss" erwähnt – einem mysteriösen Schmerz bei Menschen oder Tieren, der durch Pfeile von eifersüchtigen Elfen verursacht wird. Die Brennnessel schützte auch gegen „fliegendes Gift" – eine Form der schwarzen Magie, die damals als eine der Hauptursachen für Krankheiten galt.

Inspiration: Der Krieger Mars steht für unseren Überlebenswillen, für Schutz und Aktion. Körperlich gesehen aktiviert das elementare Feuer in der Brennnessel die Reinigung und Stärkung. Auf emotionaler und geistiger Ebene lenkt es den Ehrgeiz, schärft den Intellekt und entfacht Führungsqualitäten. Auf spiritueller Ebene besitzt die Brennnessel die Kraft der Schlangenmedizin und verleiht uns die Macht des Feuers zur Verwandlung. Die Nesselmedizin lehrt dich auf persönlicher Ebene, stark und beschützend zu sein und das Leben in seiner Komplexität zu meistern. Schwierigkeiten begegnest du mit Geduld und Zuversicht. Auf diese Weise reifst du und umgehst Frustration. Bleib in deiner Energie, auch wenn du dich unwohl mit etwas fühlst. Wenn du diese Karte ziehst, hast du das Bedürfnis, eine Handlung, einen Gedanken oder einen Wunsch umzuwandeln. Lass die äußere Hülle deiner jetzigen Identität los und nutze die Kräfte des Feuers.

22. JERGÓN SACHA
– Verwandlung –
Dracontium loretense

Bedeutung: unvorhergesehene Veränderung, Zusammenbruch, Verwandlung, umgewandeltes Gift, neutralisiertes Böses, aus der Asche auferstehen
Umgekehrt: Krise, Zerstörung, schwarze Magie, schlechte Absichten, Zauberei, Gift, Demütigung
Astrologische Herrscher: Mars, Pluto

Jergón Sacha ist eine Pflanze der „Signaturenlehre", denn ihre indigene Anwendung spiegelt direkt ihr Aussehen wider. Ihre gesprenkelte Färbung erinnert an eine Giftschlange aus dem Amazonasgebiet, und die Menschen dort verwenden die stärkehaltige Wurzel als Gegengift. In Peru und Ecuador werden sowohl die Schlange als auch die Pflanze *jergón sacha* oder *fer-de-lance* genannt. In Brasilien heißt die Schlange *jararaca* und die Pflanze *erva-jararaca*, was so viel wie „Jararaca-Kraut" bedeutet.

Im Amazonasgebiet nutzt man das blutige Harz dieser Pflanze in vielen Ritualen zum Schutz vor allen spirituellen Krankheiten – *bilis* (Galle/Wut), *hechizos* (Flüche), *mal de ojo* (böser Blick), *mal aire* (böser Wind) und *envidia* (Neid) – und zum Schutz vor *brujos malvados* (schwarzmagischen Zauberer:innen). Jergón Sacha gilt als erstklassiger Neutralisator, der beabsichtigtes

Unheil oder das Böse allgemein in wohlwollende Energie umwandelt.

Indigene Stämme in Guyana schätzten es als Gegenmittel für Stachelrochenwunden, Spinnenbisse und Wunden durch Giftpfeile. Andere indigene Kulturen wehren Schlangen ab, indem sie ihre Beine und Füße mit den Blättern des Jergón Sacha abklopfen.

Die pulverisierte Knolle ist nicht nur ein Gegengift, sondern wird auch gegen Viren, bei Asthma, Lungenentzündungen, Keuchhusten, Parasiten und Menstruationsbeschwerden empfohlen. Bäder mit Jergón Sacha waren auch bei Gicht, arthritischen Schmerzen und ähnlichen Ungleichgewichten üblich. Dass Jergón Sacha die stärksten bekannten Gifte neutralisieren und den Körper vor starken Viren schützen kann, ist einer der vielen Gründe, warum es unter die Herrschaft von Mars und Pluto fällt. Wie Jergón Sacha regen beide Planeten die Transformation an, um sowohl Zerstörung als auch Auferstehung zu bewirken – im wörtlichen wie im archetypischen Sinne.

Inspiration: Sei wachsam! Jergón Sacha steht für radikalen Wandel und Zusammenbruch. Diese Karte kann bedeuten, dass jemand oder etwas deiner Energie schadet. Wenn das auf dich zutrifft, denke daran, dass auch die dunkelsten Energien, die Krisen oder unvorhergesehene Veränderungen mit sich bringen, in etwas Gutes umgewandelt werden können. Selbst das stärkste Gift kann eine Medizin sein. Der erste Schritt, um es zu neutralisieren, liegt in der Erkenntnis; der zweite Schritt ist, sich von Angst und Unsicherheit zu lösen. Und der dritte Schritt ist der Wiederaufbau des Selbst. Betrachte dein Leben aus der Perspektive der dritten Person. Nutze universelle Kräfte, um die Menschen oder Situationen, die deine Lebenskraft rauben, zu verwandeln.

23. MARIENDISTEL
– Friedliche Kriegerin –
Silybum marianum

Bedeutung: friedliche/r Krieger:in, Schutzschild, Wahrheitsbewahrer, Schutz, Zuflucht, sichere Aufbewahrung, Gerechtigkeit
Umgekehrt: Aggressivität, Impulsivität, Wettbewerbsorientierung, Selbstsabotage, Übertreibung, Klatsch und Tratsch
Astrologische Herrscher: Mars, Mond

Der griechische Arzt und Botaniker Dioskurides war der erste, der im 1. Jahrhundert n. Chr. die heilenden Eigenschaften der Mariendistel aufschrieb. Die Mariendistel war ein Mittel gegen Melancholie, unterstützte die Produktion von Muttermilch und wirkte stark entzündungshemmend auf Leber und Gallenblase. Die charakteristischen violett-fuchsiafarbenen Blüten und weiß geäderten Blätter der Mariendistel sollen die Milch der Jungfrau Maria verkörpern.

Es gibt viele magische Rituale, die man mit dieser schützenden Blume verband. Man warf ihre Blüten ins Feuer, um Blitze abzuwehren, und Kleidungsstücke wurden mit Distelfasern gewebt, um den Träger vor Verhexungen zu schützen. Oft stopfte man Puppen, Marionetten und magische Werkzeuge mit Disteln aus, um negative Zauber zu brechen. In Europa stellten die Hexen große Fässer mit Disteln her, um Geister herbeizurufen. Eine Schale mit Disteltee in einem Raum soll die Energie wiederbeleben, Kraft schenken und die Geister erneuern. Die Distel wurde oft in Hauseingängen gepflanzt, um Diebe oder parasitäre Energien abzuwehren.

Die Mariendistel verkörpert den Geist des wilden Dachses, denn sie ist eine energische Heilpflanze, die den Körper von Krankheiten, Gift und toxischen Substanzen befreit. In vielen Traditionen der Native Americans ist die Medizin des Dachses eng mit mächtigen Medizinfrauen verbunden, da der Dachs zu den großen Beschützern der Medizin der Erde gehört. Dachse handeln in einer Krise schnell und effizient und geraten nicht in Panik. Sie verkörpern das ursprüngliche kriegerische Element des Mars und finden furchtlos die Mittel und den Mut, ihr Hab und Gut zu schützen, koste es, was es wolle. Die Mariendistel steht ebenfalls unter der Herrschaft des Mondes, denn sie ist ein Galaktagogum, d.h. sie hilft bei der Milchproduktion und unterstützt das gesamte Magen-Darm-System.

Inspiration: Die Mariendistel vertreibt zerstörerische Gedanken, die Selbstsabotage verursachen. Löse dich von Unsicherheit, Klatsch und angstbasierten Schutzstrategien, die Frustration oder ein falsches Gefühl von Wachstum nach sich ziehen. Verschwende deine Zeit nicht mit dem Versuch, das zu kontrollieren, was du nicht kontrollieren kannst. Wie ein friedlicher Krieger bestimmst du furchtlos deine Grenzen. Wie der Dachs rüttelt die Mariendistel an Systemen, die Innovationen behindern, und stoppt Muster und Verhaltensweisen, die das Wachstum hemmen. Sei dir bewusst, dass du das, was du nicht veränderst, selbst wählst.

24. TABAK
– Opfergabe –
Nicotiana tabacum, Nicotiana rustica

Bedeutung: Macht, *ofrenda* (Opfergabe), göttliches Geschenk, Beschwörung, Respekt, tiefe Übereinstimmung mit dem Willen und dem Ziel
Umgekehrt: Illusion der Macht, Machthunger, mangelnder Respekt, innerer Konflikt, Sucht, in Gewohnheiten feststecken, Angst vor Versagen
Astrologische Herrscher: Mars, Pluto

Tabak verwenden indigene Gruppen in ganz Amerika als Opfergabe an die Götter und die Geister, als heiligen Rauch bei Versammlungen und als zeremoniellen Saft bei Visionssuchen. Für Schaman:innen im Amazonasgebiet, den *tabaqueros*, ist der Tabak eine *planta maestra* (Meisterpflanze). Meisterpflanzen sind der Schlüssel zu den Schutzgeistern und wichtige Elemente bei der Heilung der Menschheit.

Schon vor Kolumbus nutzten verschiedene nordamerikanische Stämme den Tabak für Zeremonien; der Hauptunterschied zwischen ihnen und den mittel- und südamerikanischen Stämmen besteht darin, dass sie den Tabak durch eine Pfeife rauchten. Verschiedene indigene Völker Amerikas behandelten mit Tabak eine Vielzahl von Beschwerden wie Ohrenschmerzen, Schlangenbissen, Schnittwunden, Verbrennungen,

Atemwegserkrankungen, Fieber, Krämpfe, Nervenprobleme, Harnwegsbeschwerden, Hautkrankheiten und Parasiten. In vielen Traditionen gilt der Tabak als Schutzgeist, der den Menschen gegeben wurde, um mit der Geisterwelt zu kommunizieren.

Tabak ist eine der ultimativen *ofrendas*, Opfergaben, für die Geisterwelt, die auf Altäre platziert und seit Jahrhunderten zwischen verschiedenen Kulturen gehandelt wurden. Viele indigene Völker besiegelten mit ihm den Frieden zwischen den Stämmen. Das seit der Antike gebräuchlichste Ritual des Tabaks, das Rauchen, und die starken abführenden und entzündungshemmenden Wirkungen spiegeln die Natur des Mars wider.

Inspiration: Die Götter der Macht sind da, um dich zu unterstützen, und sie verlangen liebevollen Respekt. Tabak erinnert uns daran, unsere Macht mitfühlend einzusetzen; wie wir sie nutzen und lenken, entscheidet über die Qualität unseres Lebens. Biete anderen dein Tun als göttliches Geschenk an, selbstlos und im Dienste des Heiligen. Großvater Tobaccos schützende und kraftvolle Energie öffnet denjenigen, die mit Demut und Respekt darum bitten, liebevoll das Tor zur Geisterwelt. Lass dich nicht von den Illusionen der Macht zu selbstzerstörerischen Verhalten und Sucht verführen. Der Tabak ist heute hier, um dich daran zu erinnern, wie wichtig das Opfern als eine Form der inneren Öffnung und des Respekts ist.

25. KATZENDORN
– Läuterung –
Uncaria tomentosa

Bedeutung: die Geschichte neu schreiben, Verbindung zu kulturellem Erbe, Zugehörigkeit, Verbindung zur Herkunft, Reinigung der DNA
Umgekehrt: Gefühl der Verdrängung, Trennung vom Erbe, dunkle Verhaltensweisen, Schamgefühl, Reue, Einsamkeit
Astrologische Herrscher: Mars, Pluto

Der Katzendorn, der auf Spanisch *uña de gato („Katzenkralle")* heißt, wird von den Stämmen Mittel- und Südamerikas seit mindestens 2.000 Jahren als Heilpflanze verwendet. Die Ashaninka in Zentralperu kennen die Pflanze am längsten und nutzen sie zur Behandlung von Asthma, Entzündungen der Harnwege, Arthritis, Knochenschmerzen, zur Stärkung nach der Geburt und bei Krebs. Andere indigene Stämme in Peru verordnen sie zur Behandlung von Diabetes, Blutungen, Menstruationsunregelmäßigkeiten, Fieber, Viren, Tumoren, zur inneren Reinigung und um den Körper ins Gleichgewicht zu bringen.

Die moderne Forschung hat ihre Wirksamkeit bei der Behandlung von Asthma, Infektionen der oberen Atemwege, Virusinfektionen, Wunden, Umweltgiften, Vergiftungen und vielem mehr bestätigt.

Der Katzendorn ist ein starkes Immunstimulans und wird von der archetypischen Energie des Mars und seiner höheren Oktave, dem Pluto, beherrscht. Er setzt viele wichtige biologische Prozesse im Immunsystem in Gang, heilt entzündliche Krankheiten und bringt den Körper durch Reinigung (Mars) und Erneuerung (Pluto) wieder ins Gleichgewicht. Wie Mars stimuliert er, um zu regulieren, konfrontiert, um zu reinigen, und initiiert, um zu heilen. Von Mars beherrschte Kräuter sind in der Regel heiß, anregend und trocken.

Inspiration: Der Katzendorn segnet uns mit seiner Energie, unsere heilige Essenz, unser Blut und unsere DNA zu reinigen. Erlaube seinen Reinigungskräften, dir dabei zu helfen, die biologischen und spirituellen Muster zu erkennen, die dir von deinen Vorfahr:innen vererbt wurden und von denen du dich befreien willst – seien es Erbkrankheiten oder generationenübergreifende Traumata. Die Medizin des schwarzen Panthers steht im Einklang mit dem Katzendorn und ermöglicht es uns, unsere Schatten und dunklen Verhaltensweisen mit Neugierde zu begegnen. Die Dunkelheit ist der Space, an dem wir Antworten suchen und finden und an dem wir ans verborgene Licht der Wahrheit gelangen können. Der schwarze Panther lehrt uns, dass die Reise nach Innen zur Heilung führt. Kleingeistigkeit, Scham und Enttäuschung sind allesamt Schattenaspekte in uns, die uns nicht dienen, und die wir jetzt mithilfe des Katzendorns loslassen dürfen. Freunde dich mit der Stille der Dunkelheit an, stimme dich auf das Lichtvolle ein, das tief in deinem Schatten verborgen ist. Öffne dich.

26. CORDYCEPS
– Neubelebung –
Cordyceps sinensis, Cordyceps militaris

Bedeutung: Energie, Erneuerung, zu neuen Höhen aufsteigen, Chancen, Aktivierung, Auferstehung
Umgekehrt: Rückverbindung zum Spirit, Widerstand gegen den Tod, vergessene Kraft, Schwäche
Astrologische Herrscher: Jupiter, Pluto, Mars

Ursprünglich vor 2.000 Jahren in der traditionellen chinesischen Medizin und der tibetischen Medizin als exotischer Raupenpilz oder Winterwurm beschrieben, ist der chinesische Raupenpilz oder Cordyceps ein parasitärer Pilz, der aus dem Kopf von mumifizierten Raupen, Insekten und vielen Arten von Larven wächst. Er wird in großen Höhenlagen gesammelt, vor allem in Nepal und Tibet.

Bisher gibt es über 1.000 bekannte Cordyceps-Arten, so viele, wie es verschiedene Wirte gibt, auf denen er wächst. Die ersten Völker, die die vielen Vorteile des Cordyceps entdeckten, beobachteten zunächst, dass Tiere den wilden Pilz fraßen und dadurch stärker wurden. Bauern und Hirten trockneten den Pilz, um daraus einen stärkenden Tee zu machen, oder kochten ihn mit Fleisch in traditionellen tibetischen Gerichten.

In der traditionellen chinesischen Medizin wird er seit Jahrhunderten als Allheilmittel gegen Müdigkeit, Schwäche, Krankheit, sexuelle Unlust, Nierenleiden und Herzerkrankungen eingesetzt. In modernen chinesischen Krankenhäusern behandelt man Krebs und Tumore – neben Medikamenten – mit kultivierten Formen von *Ophiocordyceps sinensis*.

Mönche verehren den Cordyceps seit Langem als Pilz der Langlebigkeit und nutzen ihn, um ihre Ausdauer zu steigern und die Lungenkapazität zu verbessern. Tausende von Jahren später bestätigen Studien tatsächlich, dass er die Auswirkungen von Alterung und Stress verlangsamt und den Körper vor Krankheiten schützt.

Der Cordyceps, der von den weisen, anregenden und expansiven Kräften des Jupiters beherrscht wird, sorgt für eine heitere Energie, ein Gefühl der Erneuerung, der Widerstandsfähigkeit und der Vollendung. Jupiterkräuter sind Verstärker, freudige und stimmungsaufhellende Pflanzen, die positive Gefühle hervorrufen.

Inspiration: Es ist an der Zeit, zu neuen Höhen aufzusteigen. Du hast die Energie, deine größten Träume zu verwirklichen. Leidenschaft steht im Einklang mit Wissen. Energie steht im Einklang mit der Materie. Wie der große Adler bist du mit der Verbindung zum Göttlichen gesegnet. Du hast die angeborene

Fähigkeit, im Reich des Geistes zu leben und dennoch mit der Erde verbunden und im Gleichgewicht zu bleiben. Aus der Höhe der Wolken, wo der große Geist wohnt, spiegelt der große Adler deine Fähigkeit wider, mit weitem Bewusstsein über das Weltliche hinauszuschauen. Adler und Cordyceps stehen für den Mut, den höheren Spirit, den Äther, das Reich der Erleuchtung und das höhere Bewusstsein zu channeln. Wenn du im Schatten gewandelt bist, darfst du dich wieder mit dem Element Äther, dem Göttlichen und deinem höheren Selbst verbinden. Heile deine gebrochenen Flügel mit Liebe und erkenne deine Größe.

27. REISHI
– Rückzug –
Ganoderma lucidum, Ganoderma applanatum

Bedeutung: Rückzug, Erholung, Meditation, Winterschlaf, spirituelle Kontemplation, Wiederherstellung des Spirits
Umgekehrt: Reizüberflutung, Stress, Verfall, Burnout
Astrologische Herrscher: Jupiter, Sonne

Der Reishi-Pilz, im Chinesischen *lingzhi* genannt, steht für Unsterblichkeit und gilt als das „Kraut der spirituellen Kraft", das für Erfolg, Wohlbefinden, göttliche Energie und Langlebigkeit steht.

Er soll 396 v. Chr. von daoistischen Mönchen in den Changbai-Bergen in China entdeckt worden sein und ist einer der ältesten Pilze, die in der Medizin verwendet werden. Er wird seit langem als Anti-Aging-Pilz und kraftvolles Shen-Tonikum bezeichnet. Somit zählt er zu einer Kategorie von Medikamenten, die „den Geist nähren".

In Chinas ältestem Kräuterklassiker, der um 200 v. Chr. geschrieben wurde, steht der Reishi an erster Stelle vor dem Ginseng. In dem Text heißt es, dass der Reishi das *Qi* (Lebenskraft) im Kopf stabilisiert und bei Denkprozessen hilft, die Milz tonisiert, die

Intelligenz stärkt und das Gedächtnis verbessert. Langfristiger Konsum lässt den Körper leichter werden, erhöht die Vitalität und verzögert das Altern um Jahre.

Forschungen über die wunderbaren Eigenschaften des Reishi bestätigen, dass der Pilz das Nervensystem tiefgreifend entspannt, den Geist beruhigt und einen Zustand gelassener Konzentration hervorruft. Einer der vielen Gründe, warum spirituell Suchende diesen Pilz konsumieren, ist die Erfahrung, die er in der Meditation freisetzt. Jüngste Studien haben außerdem messbare lebensverlängernde Eigenschaften nachgewiesen sowie die Fähigkeit des Reishi, Gehirnneuronen zu aktivieren und den Gehalt an Nervenwachstumsfaktoren in den Zellen zu erhöhen.

Der Reishi hat einen starken Einfluss auf unsere wichtigsten Zentren: das endokrine System, das Nervensystem und das Hormonsystem. Hormone steuern unsere Wahrnehmung, unsere Stimmung, unseren Schlaf-Wach-Rhythmus, unsere Fähigkeit, sich mit anderen zu verbinden, und unsere Wahrnehmung der Realität. Sie aktivieren das Nervensystem, das auch direkt mit mystischen Erfahrungen zusammenhängt.

Der Reishi wird von Jupiter regiert, dem „Guru der Planeten", der bestimmt, wie wir Weisheit erlangen und Zugang zu den Geheimnissen des Lebens erhalten. Jupiter verfügt über eine große Menge an spirituell wirksamen Pflanzen, die oft für die tiefe Meditation verwendet werden – wie eben der Reishi.

Inspiration: Halte inne. Es ist Zeit für Erneuerung. Wenn du dich überwältigt oder geistig überlastet fühlst, ist jetzt die Gelegenheit, dich zurückzuziehen. Nimm dir die Zeit, um dich zu erholen und aufzuladen, und dein persönliches Wachstum wird folgen. Reizüberflutung und Unentschlossenheit führen dazu, dass du dich schwach, wie gefangen und fast dem Tode nah fühlst. Wie der Bär hältst du daher jetzt „Winterschlaf" oder ruhst dich aus, bevor du dich dem nächsten Projekt oder der nächsten Herausforderung stellst. Viele Stämme der Native Americans nennen diesen Space der inneren Betrachtung die Traumhütte. Das ist ein Ort, an dem man in einer „Traumzeit" den Tod durchleben und über die Grenzen der physischen Realität hinausschauen kann. Schaffe dir den Raum, um in der Stille zu sein. Selbstreflexion ist der Schlüssel zur Selbstbeherrschung.

28. HOLUNDER
– Weisheit –
Sambucus nigra,
Sambucus canadensis

Bedeutung: Aufstieg aus der Unterwelt, Befreiung, Loslassen, große Transformation, höhere Weisheit, neue Wahrnehmungen, Erwachen zur Wahrheit
Umgekehrt: Stagnation, Kummer, Widerstand gegen Transformation, unmoralisch sein, Lektionen nicht anwenden, das Bekannte nicht erweitern, Weisheit nicht kultivieren, Verfall, Negativität
Astrologische Herrscher: Jupiter, Pluto

Holunder, auch bekannt als die „Königin der Feen" oder die „Königin der Unterwelt", ist in den Legenden vielen Kulturen präsent. Dieser Baum ist ein Symbol für Trauer, Tod und tiefe Magie. In Skandinavien wird der Baum von einem Geist namens *Hyldemöer* (oder Holundermutter) bewohnt, der dich bestraft, wenn du den Baum berührst oder ihn fällst, ohne dich bei ihm angemessen zu bedanken. In der Bibel soll das Kreuz, an dem Jesus starb, aus dem Holz eines riesigen Holunderbaums bestanden haben, und ein reumütiger Judas erhängte sich an einem Holunderbaum.

Im Mittelalter nutzte man den Holunder als Schutz gegen Hexen, böse Geister und dunkle Wesenheiten. In der keltischen Tradition ist der Holunder eng mit Samhain verbunden, einem Tag, an dem der Tod, der Neuanfang und die Verwandlung gefeiert werden. Er wird seit der Antike als Blutreiniger, Entzündungshemmer, gegen Viren, für die Nieren, die Leber und das Verdauungssystem verwendet. Man nutzt ihn auch für die Atemwege, um Erkältungen vorzubeugen oder zu kurieren.

Astrologisch gesehen steht der Holunder unter der Herrschaft von Pluto, da er die Dualität von Leben und Tod sowie übernatürliche Eigenschaften in sich birgt. Man muss wissen, wie man seine Medizin zubereitet, andernfalls kann sie zum Tod führen. Wenn man Holunder richtig aufbereitet, verkörpert seine schützende Wirkung auf das Immunsystem auch stark den Archetyp des Jupiters.

Inspiration: Der Holunder signalisiert sowohl das Ende einer Lebensphase als auch den Beginn eines großen Zyklus. Die Königin der Unterwelt macht uns auf den symbolischen Tod aufmerksam, der uns auf unserem Weg des körperlichen und metaphysischen Wachstums oft begegnet. Der Holunder erinnert uns aber auch an das Aufblühen, das wir erleben, wenn wir unser altes Selbst auflösen. Um neues Leben zu schenken, muss das alte sterben dürfen. Wehre dich nicht dagegen. Der Holunder ist ein weiser Wächter, der uns hilft, wenn wir durch die Tore der Dunkelheit gehen. Lass dich von seiner mächtigen Präsenz berühren, so wie die dunkle Mutter unseren Spirit auf seinem Weg durch die Zyklen der Transformation beschützt.

29. SCHISANDRA
– Anmut –
Schisandra chinensis

Bedeutung: innere Schönheit, Inspiration, Euphorie, Vision, übernatürliche Kräfte, Synergie
Umgekehrt: Unnahbarkeit, fehlende Erdung, Mäßigung üben, den Mittelweg gehen
Astrologische Herrscher: Jupiter, Venus

In der traditionellen chinesischen Medizin werden die Geschmacksrichtungen als energetische Symbole in einer Pflanze betrachtet, die ihre besonderen Heileigenschaften aufzeigen. Die Schisandra-Beere enthält alle fünf Geschmacksrichtungen – süß, bitter, salzig, sauer und scharf – und signalisiert damit ihre umfassende und hochwirksame Heilkraft, was ihr den Namen *Wu Wei Zi* oder „Beere mit fünf Geschmacksrichtungen" einbrachte.

Schisandra befindet sich im perfekten Yin-Yang-Gleichgewicht, nährt alle fünf Elemente – Holz, Feuer, Erde, Metall und Wasser – und dringt in alle zwölf Energiekanäle oder Meridiane des menschlichen Körpers ein. Als Symbol für Langlebigkeit und Schönheit, ja sogar für die Fähigkeit, Unsterblichkeit zu erlangen, wird Schisandra häufig in der alten chinesischen Kunst abgebildet. Sie gilt als Allheilmittel, steigert die Energie, verlängert das Leben, wirkt positiv auf den Geist, unterstützt die Augen, wirkt entzündungshemmend, schützt vor UV-Strahlung, reinigt das Nervensystem, löst Schwermetalle, unterstützt die Nebennierenfunktion und die Lunge, fördert sexuelle Funktionen, gleicht Hormone aus und schützt die Haut.

Schisandra wird von Jupiter regiert und verfügt über eine allumfassende, lebensverlängernde und umfangreiche medizinische Wirkung. Die Art und Weise, wie die Pflanze alle fünf Elemente, alle zwölf Energiekanäle und alle Geschmacksrichtungen einbezieht, stärkt die Langlebigkeit aller Organsysteme und harmonisiert alle Polaritäten – auch das ist ein Kennzeichen der Venus.

Inspiration: Wie die Karte der Mäßigkeit im Tarot hält die Göttin einen Kelch mit Wasser, der für das Unterbewusstsein steht, während sie einen Wasserlauf überquert, der das Bewusstsein repräsentiert. Die Medizin der Schisandra lehrt uns die hohe Alchemie der Schönheit, der Anmut und der Harmonie der Dualitäten. Der Schwan erinnert dich heute an die übernatürlichen Kräfte, die du in dir trägst. Stehe zu deinen angeborenen und intuitiven Fähigkeiten. Folge deinen Visionen und achte genau auf die subtile Sprache deines Körpers und deiner Umgebung. Wenn du dich aus der Bahn geworfen fühlst, nimm dir Zeit, dich zu erden. Die Erdung wird deine Entwicklung zu einem höheren Bewusstsein nur erleichtern.

30. ECHINACEA
– Schicksal –
Echinacea angustifolia, Echinacea purpurea, Echinacea pallida

Bedeutung: Rad der Veränderung, Lebenszyklen, Schicksal, größere Visionen, glückliche Umstände, Schicksal
Umgekehrt: Karma, Festhalten an der Kontrolle, unwillkommene Veränderung, Leidenszyklen, eine fällige Veränderung
Astrologische Herrscher: Jupiter, Pluto

Viele Völker der Native Americans betrachten Echinacea als schützende Spirit-Medizin, und Teile der Wurzel werden oft in Medizinbeuteln um die Hüfte oder den Hals getragen. Die Navajo bezeichnen Echinacea als Medizin des Lebens und als eine der 40 Zeremonialpflanzen, die für bestimmte Heilrituale verwendet werden.

In den Great Plains werden Echinacea-Waschungen und -Umschläge gerne für Wunden, zur Eindämmung von Infektionen und zur Schmerzlinderung bei Muskelkater oder Muskelzerrungen verwendet. Die Samen und Wurzeln der Echinacea wurden abgekocht, um Erkältungen und Grippe zu heilen, Fieber zu senken, Verbrennungen und Furunkel zu lindern und Arthritis und Rheuma zu behandeln. Viele indigene Stämme nannten sie auch „Schlangenwurzel", da sie als Gegengift bei Klapperschlangenbissen genutzt wurde.

Bei Schwitzhüttenzeremonien kaute man die Wurzeln, um die Reinigung und Adaption zu fördern und Schmerzen zu lindern. Die Pflanze wurde über heiße Kohlen gestreut, um den Dampf zu verstärken und den Teilnehmenden zu helfen, die Hitze zu ertragen. Die Native Americans der Omahas bestrichen ihre Hände mit eingeweichter Echinacea-Wurzel, damit sie heißes Essen aus kochenden Töpfen nehmen konnten, ohne sich zu verbrennen. Bis heute hat sich Echinacea weltweit bei Erkältungen und Infektionen der oberen Atemwege bewährt.

Echinacea wirkt vor allem auf die Leber, das Blut und die Stimulierung des Immunsystems, was alles unter die Herrschaft des Jupiters fällt. Jupiterkräuter wie Echinacea sind in der Lage, die schädlichen Auswirkungen von Stress auf die Organe zu verhindern und ermöglichen einen tiefgreifenden Schutz.

Inspiration: Die Schlange, die ihren Schwanz verschlingt, der *ouroboros*, ist das Rad der Veränderung, das den Zyklen von Leben und Tod entsprich. Die Sonne und der Mond umkreisen dieses Rad und symbolisieren unseren irdischen Bereich. Die Echinacea, die in der Mitte sprießt, steht für das evolutionäre grenzenlose Bewusstsein.

Wie die Karte „Rad des Schicksals" im Tarot kann diese Karte auf eine Schicksalswende hinweisen, auf eine Zeit, in der uns etwas im Leben zur Veränderung zwingt und neu ausrichtet. Echinacea ist heute in deinem Spread aufgetaucht, um dich daran zu erinnern, dass das Universum immer in Bewegung ist und nichts zufällig geschieht. Der Schlüssel, um die Zyklen des Schicksals zu durchschauen, liegt darin, innerlich zentriert und im Flow zu bleiben sowie mit dem Lauf des Lebens zu fließen. Beurteilungen von „gut" und „schlecht" schränken die Sicht nur ein. Tritt einen Schritt zurück, lass dich von den vorübergehenden Einflüssen nicht beeinflussen und betrachte stattdessen das große Ganze.

31. CANNABIS
– Losgelöstheit –
Cannabis sativa

Bedeutung: Losgelöstheit, tiefe Betrachtung, Freiheit vom Schmerzkörper, innere Ruhe, Immunität
Umgekehrt: Betäubung, Abgrenzung, Vernachlässigung, chronische Schmerzen, keinen Ausweg sehen, Gefangenschaft, Unruhe
Astrologische Herrscher: Saturn, Neptun

Cannabis ist eine der ältesten bekannten psychotropen Pflanzen. Die erste überlieferte Verwendung von Cannabis stammt aus dem Jahr 8.000 v. Chr.: In einem Dorf in Taiwan nutzten indigene Gruppen Hanffasern für Stoffe, Töpferwaren, Seile und sogar Schuhe und waren so nicht auf Tierhäute oder Seide für ihre Kleidung angewiesen.

Im Jahr 4.000 v. Chr. galt Hanf im chinesischen Dorf Pan-p'o als eines der „fünf Körner" Chinas und war damit wichtig für die Landwirtschaft. In der chinesischen Arzneimittellehre aus dem Jahr 2737 v. Chr. wurde Hanf als Heilmittel für über 100 Krankheiten beschrieben, darunter Gicht, Malaria und Rheuma.

Die medizinische Verwendung von Marihuana spielt in den religiösen Texten der Hindus eine große

Rolle. In den Veden zum Beispiel, die zwischen 2.000 v. Chr. und 1.400 v. Chr. verfasst wurden, betrachtet man Cannabis als ein Sakrament Shivas und als „Quelle des Glücks“. Es wird als „Freudenspender“ und „Freiheitsbringer“ bezeichnet, das den Menschen von den Göttern aus Mitgefühl geschenkt wurde, um sie von Ängsten zu befreien und ihnen Freude und Furchtlosigkeit zu schenken.

Die vielen Anwendungsmöglichkeiten von Cannabis fallen vor allem unter die Herrschaft von Saturn und Neptun und korrespondieren auch stark mit dem Tierkreiszeichen Fische. Man sagt, dass es den Bewegungsapparat entspannt, entzündungshemmend und schmerzlindernd wirkt und daher großartig für alle ist, die den rauen Saturneinfluss mildern wollen. Seine stimmungsaufhellenden, angstlösenden, entzündungshemmenden und psychotropen Eigenschaften gehören in den Bereich von Neptun und damit zu den Fischen.

Inspiration: Saturn gilt als der Herr von Zeit und Raum, der Herr des Karmas. Obwohl er oft als der „große Bösewicht“ bezeichnet wird, ist Saturn viel mehr als das, was wir in der dreidimensionalen Realität erleben. Das Raum-Zeit-Kontinuum ist ein System, das die dreidimensionale Realität, wie wir sie kennen, umfasst; von ihm wird gesagt, dass es von Saturn regiert wird. Doch die Transzendenz dieser Realität bedeutet Freiheit von den Einflüssen des Saturn, was durch sein Gegenüber, Neptun, dargestellt wird. Wenn wir Zeit und Raum respektieren (Saturn), werden wir mit Freiheit und der Fähigkeit, Zyklen des Schmerzkörpers zu überwinden (Neptun), gesegnet. Wenn du dich ruhelos und ängstlich fühlst, wie in deinem eigenen Körper gefangen, oder du Probleme beim Schlafen hast, erinnert dich Cannabis daran, innere Ruhe zu kultivieren. Atme tief durch, gehe in der Natur spazieren, meditiere, mache ein Nickerchen und entwickle kreative Ideen, die die unruhigen Aspekte deines Wesens mildern. Lass dich nicht auf schnelle Lösungen ein, wenn es darum geht, dich zu entspannen, denn das führt oft zu Selbstverleugnung und Abgrenzung. Stimme dich tief auf die Energie von Cannabis ein und lerne, den selbstverursachten Schmerz zu überwinden.

32. ECHTER BEINWEIL
– Vervollständigung –
Symphytum officinale

Bedeutung: etwas erreicht haben, Abschluss eines Zyklus, Erfolg, Ankunft nach einer langen Reise, Ganzheit, Heilung
Umgekehrt: die gleichen Fehler machen, keinen Abschluss finden, sich unvollständig fühlen, Leere
Astrologischer Herrscher: Saturn

Beinwell, auch bekannt als Beinwurz, wird seit 400 v. Chr. wegen seiner heilenden Wirkung angebaut. Er kam bei den alten Griechen, Römern, Kelten und vielen anderen zum Einsatz, um gebrochene Knochen und Wunden zu heilen sowie starke Blutungen zu stoppen.

Symphytum stammt von den griechischen Wörtern *symphyo* („zusammenwachsen") und *phyton* („Pflanze") ab. Die englische Bezeichnung „Comfrey" für Beinwell kommt aus dem lateinischen *confirmare,* was ebenfalls „zusammenwachsen" bedeutet. Der griechische Historiker Herodot empfahl Beinwell, um starke innere und äußere Blutungen zu stoppen. Später verwendeten die Griechen ihn zur Heilung von Lungenproblemen.

Landwirte schätzten Beinwell; er wurde als Nahrung für Mensch und Vieh angebaut und lieferte wertvollen Dünger. Während der Großen Hungersnot in Irland in den 1840er-Jahren wurde die Pflanze als Nahrungsmittel geschätzt, obwohl man wegen ihrer Auswirkungen auf die Leber nicht zu viel davon essen sollte.

Der von Saturn beherrschte Beinwell fördert die Heilung der Haut und des Bewegungsapparats. Die Wurzeln und Blätter regen die Zellteilung an und fördern die Knochen- und Wundheilung. Saturnkräuter regieren mit dem Wissen des Karmas; es geht um die Themen Abschirmung, Schutz, Ausdauer, Raum und Zeit. Saturn schenkt Weisheit durch Herausforderungen. Wie Saturn erdet uns Beinwell und hilft bei der Verarbeitung von Karma.

Inspiration: Beinwell steht für Ganzheit, Vollendung und den Abschluss eines großen Zyklus. Der Kranz symbolisiert einen Kreislauf, der die Energie der Vergangenheit, der Gegenwart und der Zukunft in sich trägt und über den Wolken schwebt. Das zeigt, dass die Grundlage aller Zyklen im Geheimen liegt. Beinwell wächst majestätisch in der Mitte und repräsentiert die *axis mundi* (Weltensäule), das heilige Herz, den heiligen Willen, der das große Mysterium pulsieren lässt. Der Beinwell in deinem Spread signalisiert, dass sich ein großer Zyklus seinem Ende nähert. Bleib ausgerichtet, während du den Garten deines Selbst weiter pflegst und heilst. Schau dir wiederkehrende Muster, Personen oder Situationen genau an. Nutze die Kraft des Beinwells, um diese Lektionen abzuschließen und um heil zu werden.

33. ARNIKA
– Lehrerin –
Arnica montana, Arnica cordifolia

Bedeutung: Loyalität, Commitment, Beharrlichkeit, Lehrer:in, Stabilität, Kameradschaft, Gemeinschaft, einzigartiger Weg
Umgekehrt: Individualismus, seinen eigenen Weg finden, Einzelkämpfer, übermäßig unabhängig sein, Konfrontation vermeiden
Astrologischer Herrscher: Saturn

Die Arnika, auch bekannt als Wolfskraut, Leopardbauch und Bergtabak, wächst in Europa und Nordamerika reichlich auf Bergwiesen. Mehrere Stämme der Native Americans, darunter die Catulsa, verwendeten die Wurzeln der *Arnica cordifolia* oder Herzblatt-Arnika, um einen schmerzlindernden Tee zuzubereiten. Europäische Heilmittel mit Arnika setzte man bereits im 16. Jahrhundert zur Behandlung von einem blauen Auge, Verstauchungen und Prellungen ein.

Arnika-Zubereitungen sind in der russischen Volksheilkunde weit verbreitet, wo sie u.a. zur äußerlichen Behandlung von Wunden, blauen Augen, Verstauchungen, Prellungen, Gebärmutterblutungen sowie Herz- und Arterienproblemen geschätzt wurden.

Da die Einnahme von Arnika zu schweren Leberschäden und inneren Blutungen führen kann, hat sich die äußerliche Anwendung zur Unterstützung der Geweberegeneration als besonders wirksam erwiesen. Arnika regt die Durchblutung stark an, so dass sie Schmerzen und Schwellungen schnell lindert und bei der Heilung von Blutergüssen hilft.

Die erste schriftliche Erwähnung der Arnika stammt aus dem Mittelalter, wo sie „Alisma" bezeichnet wurde. Damals wurde sie aus vielen unserer heutigen Gründe verwendet. Früher pflanzte man Arnika außerdem während der Sommersonnenwende an den Ecken der Felder, um diese vor bösen Feldgeistern zu schützen. Der direkte Kontakt mit diesen Geistern wurde mit Krankheit und Unglück in Verbindung gebracht. Andere Volksmärchen beschreiben die Verwendung von Arnika um die Sommersonnenwende, wenn sie blühte. Auch nutzte man sie, um die Geister der Korndämonen (z. B. „Roggenwölfe") zu fangen und die Felder bis zur Ernte zu schützen.

Die außergewöhnlichen schmerzlindernden, wund- und knochenheilenden Eigenschaften der Arnika fallen unter die Herrschaft des Saturns. Energetisch gesehen verkörpert Arnika Saturn, indem sie uns bei der Heilung nach einem Trauma unterstützt.

Inspiration: Arnika wird seit Langem mit der Wolfsmedizin in Verbindung gebracht und symbolisiert Loyalität, Führungsqualitäten, Gemeinschaft, Intuition und instinktive Intelligenz. Wie Arnika lehrt uns auch der Wolf, wie wir zu belastbaren Lehrer:innen werden können, um noch mehr zu lernen und anderen zu helfen, ihren eigenen Weg zu finden. Wenn Arnika in der Natur wächst, findet man sie oft an geradezu mystischen Stellen, die zeigen, wie außergewöhnlich sie ist. Wie der Wolf folgt sie nicht den ausgetretenen Pfaden, sondern findet ihren eigenen Weg. Nutze die Kraft deiner Ahn:innen, um die Macht der ko-kreativen Unterstützung zu entdecken. Wenn du deine besondere Kraft in eine Gemeinschaft einbringst, werden deine Visionen und Fähigkeiten weiter wachsen. Sei deinem Stamm gegenüber loyal wie ein Wolf und halte gleichzeitig an deinem einzigartigen Talent fest.

34. MITRAGYNA
– Gestaltwandeln –
Mitragyna speciosa

Bedeutung: unterbewusste Heilung, Synchronisierung von innerer und äußerer Welt, Gestaltwandeln, Zeitreisen, Transzendenz der Illusion
Umgekehrt: zwanghafte Gedanken, illusionäre Fassade, Sucht, Selbstaufgabe, Unfähigkeit zu wachsen, Stagnation
Astrologische Herrscher: Saturn, Neptun

Die indigenen Völker Südostasiens schätzen die Kraft dieses Regenwaldbaums schon seit Tausenden von Jahren und verwenden ihn als Wundumschlag sowie zur Behandlung von Stress, Schmerzen, Müdigkeit und Fieber. Wie die Coca-Blätter im südamerikanischen Hochland werden auch die frischen Blätter des Mitragyna-Baums gekaut, um die Leistungsfähigkeit zu erhöhen. Mönchen in Asien schätzten Mitragyna, da es sie bei langen Meditationsphasen mit konzentrierter Aufmerksamkeit und positiver Energie versorgte.

Bereits im 19. Jahrhundert wurde „Kratom“ vor allem in Thailand und Malaysia als Opiumersatz bekannt und entwickelte sich schnell zu einem Heilmittel für den Entzug von Opiumabhängigkeit. Auch im Westen wurde es aus diesen Gründen populär.

Mitragyna verkörpert sowohl Elemente von Saturn als auch von Neptun, da es den Bewegungsapparat grundlegend entlastet und gleichzeitig ein befreiendes, euphorisches Gefühl in Körper und Geist auslöst. In der richtigen Menge kann es Menschen mit Suchtproblemen (Neptun) sehr helfen.

Inspiration: Die ausgeglichene Seite von Mitragyna steht für die Fähigkeit, sich zu wandeln und sich an verschiedene Realitäten anzupassen. Wie die Libelle verleiht Mitragyna uns die Kraft, die illusionäre Fassade zu durchbrechen, die wir als Realität akzeptieren, und schenkt uns Freiheit vom Schmerz, um Blockaden zu lösen. Die Libelle hilft uns, die unterbewusste Heilung der Traumata einzuleiten, die wir durch endlose Zyklen von Schmerz und Leid erfahren haben. Die Libellenmedizin lädt uns ein, die stagnierenden Anteile in uns zu suchen. Frage dich: Habe ich mich um die Veränderungen gekümmert, die ich vornehmen wollte? Verliere dich nicht in den Labyrinthen der Selbstzweifel. Befreie dich von illusorischen Glaubenssystemen, die deine Transformation bremsen.

35. SCHACHTELHALM
– Geduld –
Equisetum arvense

Bedeutung: Ausdauer, ständiger Fokus, Zeit der Reifung, Vertrauen in den Prozess, erhöhte Sensibilität
Umgekehrt: Herausforderung, Hartnäckigkeit, Härte, Verlustgefühle, Ungeduld
Astrologische Herrscher: Saturn, Venus

Wann immer du einem Schachtelhalm begegnest, hast du es mit einem Mitglied der einzigen überlebenden Gattung eines einst großen Stammbaums zu tun. Der prähistorische Ackerschachtelhalm soll im Vergleich zu den heute noch existierenden Arten riesig gewesen sein. Diese Ur-Pflanze ist ein Nachfahre von Baumgiganten aus dem Paläozoikum, das etwa 375 bis 600 Millionen Jahre zurückliegt. Schachtelhalm entstand in den Ursümpfen vor über hundert Millionen Jahren – lange bevor die Dinosaurier auf der Erde wandelten!

Alle Kulturen, in denen der Schachtelhalm beheimatet war, nutzten ihn als Nahrungsmittel und Medizin und kochten ihn oft wie ein Gemüse oder kauten ihn im Frühjahr roh. Der Schachtelhalm stärkt Bindegewebe wie Haut, Haare, Nägel, Knochen, Zähne, Knorpel, Bänder und sogar Schleimhäute. In der Antike wurde er als „Knochenmacher“ bezeichnet, da er bei der Heilung von Knochenbrüchen, Frakturen und Osteoporose eingesetzt wurde.

Der Schachtelhalm wird von Saturn regiert, da die Stärkung des Skelettsystems und des Bindegewebes sowie die Förderung der Wundheilung, des Haarwachstums, des Schutzes der Haut und der Knochenstärke in den Zuständigkeitsbereich des Ringplaneten fallen. Saturn steht auch für die Verarbeitung von Mineralien im Körper, insbesondere in den Nieren, die der Schachtelhalm ebenfalls nährt. Archetypisch gesehen bietet uns Saturn Schutz, Abschirmung, Mut, Ausdauer, Geduld, Selbstbeherrschung und den Segen der Herausforderung. Saturn, im Griechischen als Kronos bekannt, ist der Herr der Zeit und wird als zerstörerische, alles verschlingende Kraft bezeichnet. Doch Saturn ist nicht so bösartig, wie er dargestellt wird, denn seine Energie schenkt uns Stabilität und Halt – die Macht, die uns geschenkt wird, wenn wir die Zyklen von Schmerz und Leid überwinden.

Inspiration: Der Schachtelhalm (engl. „Horsetail") lehrt uns die Kraft der Geduld und der Ausdauer, die wir bekommen, wenn wir Herausforderungen begegnen. In jedem scheinbaren Scheitern steckt etwas Gutes. Und auch wenn das im Moment vielleicht nicht offensichtlich ist, wird die Zeit es zeigen. Vertraue dem Prozess. Denke daran, dass Sturheit kontraproduktiv für das Lösen von Blockaden ist. Lass dich stattdessen, wie die Pferdemedizin, von der Energie der

Bodenständigkeit erden, während du dich an Veränderungen und Härten auf der Reise anpasst. Die Pferdemedizin schenkt uns ein erhöhtes Einfühlungsvermögen und reines Vertrauen als unverzichtbare Tools mit auf den Weg, wenn wir auf Herausforderungen und Mangeldenken stoßen.

KRÄUTER DES URANUS

36. COCA
– Blick in die Zukunft –
Erythroxylum coca

Bedeutung: übernatürliche Kräfte. Die Fähigkeit, die universelle Wahrheit zu sehen. Genialität, spirituelle Führung, Brillanz, Integrität, Unbestechlichkeit
Umgekehrt: Ungläubigkeit, Abtrennung, Ablehnung der angeborenen Kräfte, Egozentrik, Größenwahn
Astrologische Herrscher: Uranus, Venus

Coca, auch bekannt als *Mama Coca* oder *Cocamama*, war eine wichtige Pflanze in der Kultur und Religion der Inkas und anderer indigener Völker in der Region rund um den Titicacasee in Südamerika. Sie wurde gewöhnlich gekaut, um die Leistungsfähigkeit zu steigern. Die Inka-Göttin Chasca war mit der Venus verbunden und wurde mit Coca-Zweigen in der Hand dargestellt, um die Kraft und Fruchtbarkeit der Liebe zu verkörpern. Orte, an denen Coca wuchs, galten als heilig, an denen alle Menschen die Götter ehren sollten. Priester warfen zur Weissagung Coca-Blätter in die Luft. Das taten sie auch, um die Wesenheiten aller Himmelsrichtungen gütig zu stimmen. Coca galt als so heilig, dass die Schaman:innen niemals das Orakel konsultierten, ohne vorher Coca-Blätter zu kauen und sich in Trance in den Geist der Pflanze hineinzuversetzen. Wenn sie das Orakel konsultierten, warfen sie die Blätter oft mit starker Inbrunst auf den Boden, um dann die divinatorische Bedeutung zu analysieren, ähnlich wie man es mit der Schafgarbe beim *I Ging* tat.

Seit Tausenden von Jahren nehmen die Q'ero und viele andere Stämme in den Anden Coca zu sich, um ihre Arbeitskraft und allgemeine Vitalität zu steigern. Coca ermöglicht es ihnen, lange Strecken ohne Nahrung zurückzulegen und leichter in großen Höhen zurechtzukommen. Sie sind sich der vielen heilenden Eigenschaften von Coca sehr bewusst und verwenden es in Umschlägen, Salben, Kompressen und Tees.

Coca wird von Uranus regiert, denn es ist einer der größten Energiespender und Stimulanzien der Natur. Es bewegt sich wie Elektrizität durch den Körper, pulsiert und nährt das Nervensystem. Als geistiges Stimulans, das die übersinnliche Wahrnehmung, große Klarheit und das innere Wissen aktiviert, ist es auch ein Markenzeichen der Uranus-Pflanzen. Uranische (und durch das Tierkreiszeichen Wassermann regierte) Pflanzen wie Coca regen die Vorstellungskraft an und stimmen uns darauf ein, uns der Spontaneität des gegenwärtigen Moments hinzugeben.

Inspiration: Der mächtige Jaguar ist das Krafttier vieler großer Medizinvölker des Regenwaldes. Der Jaguar gilt als einer der mächtigsten Beschützer des Heiligen und wird als Brücke zu den höheren Welten oder als Bote aus dem Reich des Spirits gesehen. Cocas blitzartige Energie signalisiert dir heute die durchdringende Klarheit, den Blick in die Zukunft und die Kraft, die dir jetzt zur Verfügung steht. Der Spirit des Jaguars belohnt dich, wenn du dir treu bleibst. Lehne die dir angeborenen Talente nicht ab, sondern kultiviere sie und scheue dich nicht vor ihrer Macht. Die schamanische Energie des Jaguars kann dir bei der Seelenarbeit helfen, um vergessene oder verborgene Aspekte deiner Kraft abzurufen.

37. ROSENWURZ
– Weisheit –
Rhodiola rosea

Bedeutung: Magie, Hüter:in der Weisheit, Reinheit, höheres Bewusstsein, Klarheit, intuitiver Intellekt, Verzauberung
Umgekehrt: übermäßig analytisch, uninspiriert. Unfähigkeit, Gedanken auszudrücken. Emotionale Blockaden, Selbstsucht
Astrologische Herrscher: Uranus, Merkur

Die Rosenwurz oder „goldene Wurzel" wird seit Jahrhunderten in der traditionellen russischen und skandinavischen Medizin verwendet. Über sie gibt es viele Studien, da sie zur Steigerung der körperlichen Ausdauer, Langlebigkeit, Energie, Produktivität und Resistenz gegen Höhenkrankheit sowie zur Behandlung von Müdigkeit, Depressionen, Anämie, Impotenz, Magen-Darm-Beschwerden, Infektionen und Störungen des Nervensystems eingesetzt wurde.

In Asien wird sie „Plateau Ginseng" genannt, und die Tibeter betrachten die Rosenwurz als heiliges Kraut. Tibeter verordneten sie als Stärkungsmittel. Buddhistische Mönche im Himalaya nutzen sie, um ihre spirituelle Kraft zu stärken und ihre Konzentration und Ausdauer zu verbessern.

Die Wikinger bekämpften mit den aromatischen Wurzeln der Rosenwurz Infektionen, steigerten mit ihr die sexuelle Leistungsfähigkeit und die Fruchtbarkeit. Die Inupiat und andere indigene Völker Alaskas verwendeten sie als Medizin und Nahrungsmittel, machten Tee aus den Blüten oder den vier- bis fünfjährigen Wurzeln und verzehrten die Blätter und Stängel als Salat und sogar als Sauerkraut.

Bis heute binden Bergbewohner in Sibirien vor der Hochzeit einen Strauß aus der begehrten Wurzel, um die Treue zu stärken, gesunde Kinder zu gebären und die Fruchtbarkeit zu steigern. Chinesische Kaiser schickten Expeditionen nach Sibirien, um wilde Rosenwurz zu ernten, denn sie wussten, dass es das Geheimnis des sibirischen Volkes war, auch unter härtesten Bedingungen stark und kräftig zu bleiben.

Die Rosenwurz, die von Uranus und Merkur regiert wird, trägt die energetische Signatur des schwer fassbaren Einhorns – es verkörpert die Elemente Intelligenz, Reinheit, starke Intuition, Meisterschaft und Weisheit. Einhörner sind Torwächter – uralte Beschützer des Waldes. Wie Uranus schenkt die Rosenwurz blitzartige Erkenntnisse. Unbeeinflusst handelst du aus der Kraft der Intuition heraus. Andererseits kann dies auch eine Zeit der geistigen oder emotionalen Blockaden, der Trennung vom Göttlichen, der fehlenden Intuition und der emotionalen Unreife bedeuten.

Inspiration: Das Einhorn ist als der große Beschützer des Waldes bekannt. Wie die Rosenwurz sollen bis heute Einhörner in der Nähe hoher Berge leben und die weisen, alten Wälder nähren und schützen. Die Rosenwurz erinnert dich heute daran, dass du Intelligenz verkörperst, und zwar intuitiv, wortgewandt und weise. Du strahlst Können, Reinheit, Autorität und Klugheit aus. Emotionen trüben dein Urteilsvermögen nicht. Du wägst deine Handlungen sorgfältig und intuitiv ab, da du uralte Codes des Himmels und der Erde in dir trägst. Die subtile Essenz des Einhorns wohnt im dritten Auge. Wenn du dich mit der Einhornmedizin verbindest, wird sich dein Sinn für weise Kreativität und Lebendigkeit vertiefen. Ehre deine Talente. Sei selbstbewusst. Mach dir deine Medizin zu eigen und steh zu dem, was du wirst.

38. KAKAO
– Initiation –
Theobroma cacao

Bedeutung: Initiation, spirituelle Prüfung, Offenbarung, Zugang zum kosmischen Herzen, göttliche Liebe, Lichtwesen, Channeln
Umgekehrt: gebrochene Flügel, fehlendes Selbstvertrauen, mangelnde Selbstliebe, den eigenen Weg verlassen
Astrologische Herrscher: Uranus, Venus

Während Imperien im Laufe der Zeit aufstiegen und untergingen, schätzten alle mesoamerikanischen Zivilisationen, angefangen bei den Mayo-Chinchipi vor 5.500 Jahren, den Kakao wegen seiner großartigen Inhaltsstoffe und seiner übernatürlichen Superpower. Kakao war ein Grundpfeiler der Wirtschaft und ein fester Bestandteil religiöser Riten, der bei vielen spirituellen Zeremonien, Todesriten und Opfergaben eine wichtige Rolle spielte.

In der Schöpfungsgeschichte der Maya, *Popol Vuh*, schufen die Götter die Menschen aus Nahrungsmitteln, darunter auch Kakao. In einem anderen Maya-Mythos brachte ihr Gott Kukulkan, eine „gefiederte Schlange", den Kakao zu den Menschen. Bei den Azteken gibt es eine ähnliche Geschichte, in der ihr Gott Quetzalcoatl vom Himmel kam, um ihnen den Kakao zu schenken.

In einem aztekischen Kräuterbuch von 1552, dem sogenannten Badianus Codex, sind Kakaoblüten als Mittel gegen Müdigkeit erwähnt. Im Florentiner Codex von 1590 werden Kakaobohnen, Mais und das Kraut Tlacoxochitl (*Calliandra anomala*) als Mittel gegen Fieber, Kurzatmigkeit und Herzschwäche beschrieben. In historischen Texten fand man über 100 Anwendungen, die alle mit der heilenden Energie des Uranus übereinstimmen. Die Pflanze hilft dem Nervensystem bei Erschöpfung, lindert Schwäche und Müdigkeit, stimuliert die Nieren und unterstützt Verdauung und Ausscheidung. Neben den Kakaobohnen wurden und werden auch Zubereitungen aus Kakaorinde, -butter oder -öl, Blättern und Blüten zur Behandlung von Verbrennungen, Darmleiden, Schnittwunden und Hautreizungen verwendet.

Inspiration: Quetzal erscheint heute in deinem Spread als ein Symbol für eine Initiation. Die Himmelsgötter tauchen deine Seele in Licht, während du eine Reihe von spirituellen Prüfungen durchläufst. Quetzal gilt als eine der höchsten göttlichen Erscheinungen, da er mit dem Schlangengott Quetzalcoatl, der gefiederten Schlange, verbunden ist. Wie der Kakao gelten beide als kostbare himmlische Geschenke der Himmelsgötter. Das Universum fordert dich heute auf, dich tief auf das kosmische Herz einzustimmen. Lass dich davon berühren. Öffne dich, um die heiligen Gaben zu empfangen und lausche aufmerksam der Sprache des

Lichts, die durch sie strömt. Für dich ist immer und überall gesorgt. Steh dir nicht selbst im Weg und überlasse dich der göttlichen Liebe.

39. GINKGO
– Durchbruch –
Ginkgo biloba

Bedeutung: der Beginn eines neuen Bewusstseins, neue Ideen, visionäres Denken, geistige Klarheit, Widerstandsfähigkeit
Umgekehrt: etwas überdenken, getrübtes Urteilsvermögen, geistige Verzweiflung, von kollektiver Dunkelheit belastet
Astrologische Herrscher: Mars, Uranus

Einst in Nordamerika und Europa verbreitet, soll Ginkgo vor sieben Millionen Jahren aus Nordamerika und vor drei Millionen Jahren aus Europa verschwunden sein. Er galt als ausgestorben und war nur noch in chinesischen Klöstern zu finden, wo Mönche diesen Baum seit mindestens 1.100 n. Chr. kultivierten. Heute gilt er als eine der ältesten lebenden Baumarten der Welt. Es gibt Ginkgo-Fossilien, die über 200 Millionen Jahre alt sind.

Die Blätter wurden traditionell als Tee gegen Magen-Darm-Beschwerden, Herzprobleme und kognitive Probleme aufgebrüht. Die Früchte trug man direkt auf Haut- und Pilzinfektionen auf, sie halfen bei Brustentzündungen wie Mastitis. Bis heute sind die Nüsse eine Delikatesse in der ostasiatischen Küche und werden in kleinen Mengen geröstet oder gebraten verzehrt. Man nutzt sie auch, um Atemprobleme, Asthma und Bronchitis zu lindern.

Ginkgo hat Millionen von Jahren den Herausforderungen seiner Umwelt standgehalten und symbolisiert Stärke und Widerstandsfähigkeit. Archetypisch steht Mars für Kraft, Mut, Ausdauer, Überleben, Aktion und ursprüngliche Energie – alles Eigenschaften, die auch der Ginkgo seit jeher verkörpert. Wie Uranus, der Übermittler höherer Energie, ist Ginkgo anregend, ein Initiator und belebend für den Geist.

Inspiration: Das Schwert der Wahrheit, das von der Hand Gottes gehalten wird, erhebt sich aus den Wolken und signalisiert einen Moment des Durchbruchs. Dieses zweischneidige Schwert steckt in einer goldenen Krone, die den Sieg der Transzendenz über die Illusion symbolisiert. Sowohl der Ginkgo als auch der Rabe sind uralte Wächter der Erde und stehen für die Stärke und Widerstandsfähigkeit, die zum Schutz der Ätherwelten erforderlich sind. Wenn Gingko heute in deinem Spread auftaucht, stehst du kurz vor einem totalen Durchbruch, einer revolutionären Veränderung deines Bewusstseins. Lasse das Licht der Morgendämmerung in die Dunkelheit scheinen; bleibe dynamisch und im Flow und lass nicht zu, dass Negativität dein Urteilsvermögen trübt.

40. GINSENG
– Magier –
Panax ginseng, Panax quinquefolius

Bedeutung: Meister:in des Manifestierens, grenzenlose Energie, Potenzial, Einfallsreichtum, Expansion
Umgekehrt: ungenutztes Talent, Untätigkeit, verpasste Gelegenheiten, Zweifel an den eigenen Kräften
Astrologische Herrscher: Uranus, Jupiter

Ginseng sorgt in jedem Menschen für Langlebigkeit und kreative Energie. Die Form der Wurzel ähnelt einer menschlichen Gestalt und ist ein Symbol für die tiefgreifende medizinische Wirkung auf Körper und Geist.

Ginseng ist wahrscheinlich das am meisten untersuchte Kraut in der modernen Forschung, aber schon lange bevor Nordamerika kolonisiert wurde, verwendeten die Native Americans Ginseng als Medizin. Die *Midewiwin,* eine Gruppe spiritueller Führer:innen der Ojibwe, die in der Medizin bewandert waren, nutzten die Wurzel zur Schmerzlinderung und bei Verdauungsproblemen, zur Beruhigung des Geistes und als Umschläge zum Stillen von Blutungen.

Das Volk der Meskwaki in der Region der Great Lakes schätzte Ginseng als Aphrodisiakum und Allround-Arznei. In China ist die schärfere und anregendere Variante – *Panax Ginseng* – seit Langem eines der wichtigsten Kräuter in der traditionellen Medizin. Es gilt als lebensverlängerndes Allheilmittel.

Wie Uranus belebt der Ginseng uns geradezu blitzartig. Durch den Einfluss von Jupiter stärkt es unsere Vitalität, unser Immunsystem und unsere allgemeine Lebenskraft. Als Adaptogen hat es starke regulierende Wirkungen auf unser Hormonsystem und gilt als Tonikum, das den Geist beruhigt und harmonisiert – eine weitere Eigenschaft, die Ginseng mit dem Jupiter verbindet.

Inspiration: Ginseng verkörpert, wie der Magier im Tarot, Zauberei und Genialität. Du bist ein:e Meister:in der Manifestation. Jetzt ist es an der Zeit, die Samen zu säen, um deine Träume zu verwirklichen. Die Tools, Fähigkeiten und die Weisheit, die du gesammelt hast, haben dich an diesen Punkt gebracht. Die einzigartige Eigenschaft des Ginsengs erinnert dich daran, stets eine klare Vision zu haben, die nicht vom Ego (Status, Geld und Eitelkeit) motiviert ist, um ein zutiefst kraftvolles und kreatives Licht zu manifestieren, das im Einklang mit deinem höheren Selbst steht. Die umgekehrt gelegte Karte erinnert dich daran, dich von unklar definierten Intentionen zu lösen, nur weil du dich zwanghaft auf das Endergebnis konzentrierst. Höre tief auf die Magie in dir und handle nur im Einklang mit deiner Intention und zum Wohle des Ganzen.

41. SCHLAFMOHN
– Traum –
Papaver somniferum

Bedeutung: schamanische Traumzeit, das große Unbekannte, Regeneration in der Dunkelheit, Durchbrechen von Suchtgewohnheiten, Loslassen von ungesunden Beziehungen, neue Intentionen
Umgekehrt: sich im Labyrinth verirren. Verwirrung darüber, was real ist. Materialismus, Sucht, Willkür, Besessenheit, Versuchung
Astrologische Herrscher: Neptun, Saturn

Die frühesten Hinweise auf Schlafmohn finden sich im antiken Land Sumer, das im heutigen Irak und Kuwait liegt. Die Sumerer bauten bereits 3.400 v. Chr. Schlafmohn an und kultivierten ihn sowohl als Heilpflanze als auch als Opium und nannten sie *hul gil* oder „die Freudenpflanze".

Das euphorisierende Kraut wurde schnell zu einer Hauptware im kontinentenübergreifendem Handel. Es gewann zuerst in Assyrien und im alten Ägypten an Einfluss. Schließlich war es eines der wichtigsten und profitabelsten Waren, die auf der berühmten Seidenstraße durch weite Teile Asiens transportiert wurden.

Zivilisationen kamen und gingen, aber der Schlafmohn blieb vielen Traditionen erhalten. Anfang 1800 führte diese unscheinbare Blume zu einer massiven Abhängigkeit unter der Bevölkerung – und zu den Opiumkriegen.

Im Jahr 1806 wurde das Morphin aus dem Mohn isoliert und wegen seiner schlaffördernden Wirkung nach dem griechischen Gott des Schlafes, Morpheus, benannt. Es wurde als Geschenk des Himmels gepriesen, da es jeden noch so starken Schmerz betäuben konnte. Als nächstes wurde daraus Codein entwickelt, ein weiteres starkes Schmerzmittel. Pharmafirmen begannen dann, Heroin aus Mohn herzustellen. Es war tatsächlich lange Zeit ein beliebtes Medikament, bevor man entdeckte, dass es süchtig macht. Heute gilt es als eine der schädlichsten Drogen der Welt, obwohl sein Rohstoff bis heute zur Herstellung von Dutzenden von Medikamenten verwendet wird.

Inspiration: Die durchdringende duale Natur des Schlafmohns und seine Geschichte sind eng mit der Tarotkarte des Teufels verbunden. Der Teufel steht für die Dunkelheit der materiellen Besessenheit, der Sucht und des Strebens nach falschen Idealen um der Eitelkeit und des persönlichen Vorteils willen. Diese verquere Dunkelheit (Saturn) passt nicht zur Seelensignatur dieser göttlichen Blume (Neptun). Tauche tiefer in ihre Schönheit ein und du wirst feststellen, dass sie die mystische Magie einer schamanischen Traumzeit verkörpert, den Space des ungebundenen Potenzials, in dem wir uns täglich regenerieren und mit dem Göttlichen kommunizieren. Wenn du aber die mystischen Kräfte wie die des Schlafmohns missbrauchst, wirst du dich wahrscheinlich in ihrem dunklen Labyrinth verirren. Befreie dich von der Versuchung und der Abhängigkeit von Gedankenmustern, die zu Eskapismus führen. Richte dich auf das Licht aus, das in der mystischen Dunkelheit der Traumzeit zu finden ist.

42. FLIEGENPILZ
– Brücke –
Amanita muscaria

Bedeutung: Verbindung, Kanal, Brückenbauer zwischen den Realitäten, Verbindung zu einer höheren Macht, Feier, Heimkehr, Familie, Erwachen
Umgekehrt: fehlende Zugehörigkeit, fehlende Verbundenheit mit der Quelle, Unbehagen mit der Familie, Unglücklichsein, fehlende Erdung
Astrologische Herrscher: Neptun, Pluto, Merkur

Der Fliegenpilz wird seit mindestens 6.000 v. Chr. in der Volksheilkunde verwendet und ist damit eines der frühesten bekannten Entheogene – halluzinogene Pflanzenheilmittel, die für religiöse und schamanische Zwecke eingesetzt werden. Im mitteleuropäischen Volksglauben gilt der Fliegenpilz als Tor zur Welt der Nymphen, Feen, Zwerge und Kobolde. In fast allen Traditionen wird er mit dem Jenseits und der Vertiefung der Sexualität in Verbindung gebracht.

Der rituelle Gebrauch des Fliegenpilzes ist besonders in schamanischen Riten in Sibirien und Zentralasien bekannt. Beim Volk der Koryak nahm der Schamane den Fliegenpilz ein, versetzte sich in einen tranceartigen Zustand und durchquerte so das Tor zu den anderen Welten.

Rentiere lieben diesen rotkappigen Pilz. Nachdem sie ihn gefressen haben, verhalten sie sich wie betrunken, zucken, machen seltsame Geräusche und laufen ziellos umher. Dies führte zu dem Brauch einiger Stammesvölker, Rentierurin zu sammeln und zu sich zu nehmen, um dieses Halluzinogen auf sicherere Weise zu konsumieren.

Obwohl der Fliegenpilz als tödlich gilt, konsumiert man ihm immer noch zum Highwerden, als Aphrodisiakum oder wegen seiner medizinischen Eigenschaften. Der Fliegenpilz wurde als Heilmittel bei Giftschlangenbissen, Gelenkbeschwerden, geistigem Ungleichgewicht und psychischer Müdigkeit geschätzt.

Da der Fliegenpilz rituell für Weissagungen, außersinnliche Wahrnehmung, Channeling und tiefe Heilung beliebt war, verkörpert er in hohem Maße den Archetyp von Neptun und Merkur.

Inspiration: Dein Kanal ist offen. Die Erdgeister feiern dich, wenn du zu dir nach Hause kommst. Du fühlst dich eins mit der Natur und all ihren Nachkommen, deiner erweiterten Familie. Du siehst klar und deutlich durch den Schleier, und dein Talent der tiefen Einsicht steht dir jetzt zur Verfügung. Du bist hier, um eine Brücke für die Kinder der Erde zu sein, ein Kanal für Sicherheit und heilende Energie für die neuen Generationen. Verkörpere die Medizin der Kinder; lache, singe und spiele und verbreite Freude in der Welt, egal wie alt du bist. Wenn du dich nicht verbunden fühlst, atme. Leere deine Lungen, indem du tief ausatmest. Du bist ein Teil der Zyklen der Natur. Erschaffe etwas gemeinsam mit deiner Wahlfamilie, um dich wieder verbunden zu fühlen.

43. PASSIONSBLUME
– Hingabe –
Passiflora incarnata

Bedeutung: Aufopferung, Hingabe, Entscheidung für Wachstum, Vertrauen in die Unterscheidungskraft, Rituale des Loslassens
Umgekehrt: Täuschung, fehlgeleitete Absichten, Betrug, unerwartete Blockaden, schlechtes Urteilsvermögen
Astrologische Herrscher: Neptun, Mond

Die Passionsblume, eine in Mittel- und Südamerika beheimatete und beliebte Pflanze, wurde im 16. Jahrhundert von römisch-katholischen Priestern nach der Passion Christi benannt – in Anspielung auf sein Leiden und seinen Tod. Sie wurde auch *la flor de las cinca llagas* oder „die Blume der fünf Wunden" genannt, was sich auf die Stigmata Christi bezieht. Die fünf Blütenblätter und fünf blütenblattähnlichen Kelchblätter stehen für die zehn Apostel, die Jesus während der gesamten Passion die Treue gehalten haben. Der Kreis aus haarähnlichen Strahlen über den Blütenblättern symbolisiert die Dornenkrone Jesu.

Seit ihrer Einführung in die europäische Kräutermedizin wird die Passionsblume als krampflösendes, hypnotisches, beruhigendes, angstlösendes und das Nervensystem stärkendes Mittel verwendet. Der Tee aus den Blättern war Mitte des 18. Jahrhunderts in der nordamerikanischen Medizin für ähnliche Zwecke wie in den südamerikanischen Traditionen beliebt. Die Passionsblume beruhigt gereizte Nerven und hilft bei Schlaflosigkeit, Stimmungsschwankungen, Kopfschmerzen, Koliken, Migräne, Menstruationsbeschwerden, Durchfall, Neuralgien, Augenerkrankungen, Epilepsie und Krämpfen sowie bei Muskelkrämpfen und -schmerzen.

Bis heute wird die Passionsblume von vielen Schaman:innen in Blütenbädern verwendet, um den Geist zu beruhigen und zu reinigen. Die Passionsblume gilt als Brücke zum „Christus-Bewusstsein", das die direkte Kommunikation mit der inneren Stimme unterstützt. Man räucherte sie auch, um die dunkle Energie von Räumen zu reinigen, in denen Stress geherrscht oder Trauma geschehen waren. Die Passionsblume wird von den mächtigen Kräften des Neptuns beherrscht, dem Planeten der spirituellen Erkenntnis, der religiösen Erfahrungen, der Geisterwelt und der „Maya", der großen Illusion.

Inspiration: Die Passionsblume symbolisiert Hingabe, Aufopferung und die Kreuzigung des Egos. Sie erinnert daran, Opfer zu bringen, um loszulassen und voranschreiten zu können. Die allwissende, doppelköpfige Eule steht für die große Einsicht, die alle Seiten beleuchtet, und versorgt die Göttin der Passionsblume bei ihren Ritualen zum Loslassen mit der Wahrheit.

Die Eule ist ein Symbol für Unterscheidungsvermögen und die Fähigkeit, das zu beleuchten, was ans Licht will. Die Passionsblume erinnert dich heute daran, dies oder jenes nicht zu tun, wenn es nicht deinem spirituellen Weg entspricht. Gibt es bestimmte Entscheidungen oder Handlungen, die du opfern musst, um deine Richtung zu überdenken? Ehre deine Intuition. Es ist in Ordnung, wenn Projekte oder originelle Ideen unerwartet ins Stocken geraten. Unterscheidungsvermögen ist der Schlüssel, um größere Wahrheiten und Möglichkeiten zu erfahren.

44. BALDRIAN
– Akzeptanz –
Valeriana officinalis

Bedeutung: intuitive Ordnung, Lockerheit, Akzeptanz, Umarmung deiner Unvollkommenheiten, Ausdauer
Umgekehrt: getriggert werden, übermäßiger Ehrgeiz, Selbstkritik, Selbstverurteilung
Astrologischer Herrscher: Neptun

Die Ärzte des Altertums nannten diese Pflanze wegen ihres scharfen Geruchs *Phu*, was in verschiedenen Texten als „stinkende alte Socken" übersetzt wird. Während auch andere Namen der Pflanze wie „Allesheiler" und im Englischen „Fingerschnitt" gebräuchlich sind, leitet sich der der Namen vom lateinischen *valere* ab, was „stark und gesund sein" bedeutet.

Im mittelalterlichen Schweden wurde Baldrian manchmal in die Hochzeitskleidung des Bräutigams eingearbeitet, um den „Neid" der Elfen abzuwehren und die Ehe zu schützen. Es hieß, dass Hexen den Baldrian nutzten, um diejenigen zu schützen und zu befreien, die Ziel von Verwünschungen geworden waren.

Die nordische Göttin Hertha legte Baldrian auf ihre Reitgerte, wodurch der Hirsch, den sie ritt, kräftiger und schneller wurde. In Kombination mit dem Zaumzeug aus Hopfen soll Baldrian die Reise zwischen den

Welten erleichtert haben. Damit ist eine Art Grenzraum gemeint, in dem sich oft Hexen aufhalten, oder auch die Phase zwischen dem Wachen und dem Schlafen. Sowohl die Griechen als auch die Kelten nutzten Baldrian zum Schutz und hängten ihn traditionell in Büscheln um die Fenster, um Geister abzuwehren und das Haus vor Blitzen zu schützen. Außerdem weihten sie damit rituelle Werkzeuge, verwendeten ihn als Symbol für den Frieden, benutzten ihn zur Reinigung, brachen Flüche und zogen das Glück an. Eine wachsende Zahl klinischer Studien zeigt, dass verschiedene Baldrianarten die Schlafqualität verbessern und Schlaflosigkeit, Erschöpfung, Müdigkeit und Schmerzen lindern können.

Baldrian ähnelt dem Archetyp des Neptuns, denn das Kraut entspannt Körper und Geist so stark, dass tiefer Schlaf und sogar der Zugang zu anderen Welten möglich sind. Neptun ist der Planet der Träume, anderer Welten, des Unterbewusstseins, des übersinnlichen Geistes, der Vorstellungskraft und einer grundlegenden Verbindung zur Spiritualität. Baldrian hilft uns, den Alltag loszulassen, und ermöglicht uns den Zugang zu einer größeren, mystischen Realität jenseits unseres physischen Körpers.

Inspiration: Baldrian unterstützt uns, indem er unsere Triggerpunkte auflöst und uns hilft, aus einer Situation herauszukommen, die uns vielleicht mit Angst oder Stress überfordert. Denke daran: Sei nett zu dir und setze dich für deine Ziele nicht zu sehr unter Druck. Baldrian heilt die inneren Anteile, die die Energie der Maus verkörpern – wenn wir zu analytisch und wertend sind und uns in einem starken Trigger-Modus befinden. Die Botschaft hier ist, Maß zu halten. Auch wenn du dich sehr gut erden kannst, ist ein gewisser Flow nötig, um kreativ zu wachsen. Verstricke dich nicht in Details, sondern nimm deine Unvollkommenheiten an.

45. ALRAUNE
– Sinnlichkeit –
Mandragora officinarum

Bedeutung: Sinnlichkeit, neue Formen der Intimität entdecken, den oder die innere:n Geliebte:n finden, Ausdruck einer gesunden Sexualität, Fülle
Umgekehrt: blockierte Sinnlichkeit, Scham im Umgang mit Sexualität, fehlgeleitete kreative Energie, nicht kanalisiertes Verlangen
Astrologische Herrscher: Neptun, Venus

Die Alraune, auch bekannt als Hexenkraut, ist eine der berühmtesten mystischen Aphrodisiaka. In der Antike wurde die getrocknete Wurzel in Wein eingeweicht und als Liebestrank verabreicht – und man glaubte, dass sie ein Heilmittel gegen Unfruchtbarkeit bei Frauen sei. Die Wurzel dieser ungewöhnlichen Pflanze, die im Mittelmeerraum beheimatet ist, sieht aus wie ein kleiner Mensch. Die goldgelben Früchte der Alraune, die im Alten Testament auch „Liebesäpfel" genannt werden, können ein rauschhaftes sexuelles Verlangen auslösen.

Laut der Kabbala war die Alraune das Symbol für die Einswerdung, und verschiedene Texte spielen darauf an, dass man sie im alten Israel in geheimen Riten nutzte. Im alten Ägypten wurden Alraunenwein und -früchte bei der Brautwerbung und als Aphrodisiakum verwendet. Die Alraune ist die Verkörperung von Hathor, der ägyptischen Göttin der Liebe und Fruchtbarkeit.

Auch im alten Griechenland war die Alraune als Liebestrank und für zeremonielle Liebesrituale beliebt. Analog zum alten Ägypten wurde die aphrodisierende Wurzel mit der Liebesgöttin Aphrodite in Verbindung gebracht. In der Medizin nutzte man sie als Narkotikum, um Angstzustände, Depressionen, Schlaflosigkeit, Schmerzen, Koliken, Magengeschwüre und Verstopfung zu lindern.

Obwohl die Alraune eine starke männliche Signatur hat, ähnelt sie der von Venus und ihrem astrologischen Herrscher Neptun. Unter dem Einfluss von Neptun und der lustvollen und sinnlichen Energie der Venus versetzt die Alraune den Körper in einen höheren Zustand des Liebesglücks.

Inspiration: Die Alraune fordert dich auf, neue Formen der Intimität zu finden. Was bringt dir Glück, Freude und Leidenschaft in dein Leben? Nimm wahr, wie du dich entspannst und leichter das anziehst, was du brauchst und dir wünschst, wenn du dich auf die Energie der Freude konzentrierst. Die Alraune hilft dir dabei, nicht kanalisierte Kreativität und Sinnlichkeit freizusetzen, Energie aus dem Sakralzentrum zu lösen und deine Lustzentren zu aktivieren, um eine höhere Form der Liebe zu erfahren. Lass nicht zu, dass Angst vor Ablehnung und gehemmte Lust dich davon abhalten. Konzentriere dich darauf, der Welt deine Gaben mit überwältigender Leidenschaft zu schenken und dich zu öffnen, um vollständig und furchtlos zu empfangen.

46. ENGELSTROMPETE
– Tod –
Brugmansia sanguinea,
Brugmansia suaveolens

Bedeutung: Zusammenbruch, kathartische Transformation, Auferstehung aus der Asche, Eliminierung, Tod, Ablegen des Alten
Umgekehrt: den Ruf ignorieren, mentale und emotionale Krise, Illusion, Zerbrechen, Realitätsverweigerung
Astrologische Herrscher: Pluto, Mars

Engelstrompeten haben einen berauschenden Duft und Blüten, die nach unten gerichteten Engelshörnern ähneln und auf diese Weise den Ruf der Engel an die Menschheit symbolisieren. Pflanzen der Gattung *Brugmansia* und verwandte Pflanzen wie *Daturas* sind seit Langem von Schaman:innen und Magier:innen geschätzt, obwohl sie giftig sind.

Einige indigene Völker in Südamerika, wie die Kamsa, Jivaro und Ingano, weihen ihre Kinder schon in jungen Jahren auf den Pfad des *curanderismos* – des Heilens – ein, indem sie die Engelstrompete während einer Blumenzeremonie verabreichen. Jivaro-Jungen, die den schamanischen Weg beschreiten, erhalten die Medizin im Alter von sechs Jahren, um eine sehende Seele zu bekommen, die es ihnen ermöglicht, mit den Ahn:innen zu kommunizieren (*arutam wakani*). Die Jungen gehen mit ihren Vätern auf lange Pilgerreisen zu heiligen Wasserfällen, wo sie heilige Bäder nehmen, fasten und Tabakwasser trinken. Dann nehmen sie den Saft der Engelstrompete zu sich, um mit dem Übernatürlichen in Kontakt zu treten. Dabei erscheinen die *arutam wakani* als Jaguare und Anakondas und dringen in die Körper der Jungen ein.

In vielen Traditionen mischen *Curanderos* – Heiler:innen – die Engelstrompete in Tränke von Meisterpflanzen wie Ayahuasca, um Astralreisen und spirituelle Erfahrungen zu ermöglichen. Auch andere Kulturen auf der ganzen Welt, darunter Tibet, haben diese wichtigen Giftpflanzen genutzt. Viele warnen vor dem unbedachten Gebrauch von *Brugmansia* und *Datura,* die stark giftig sein können und die Art von starken Halluzinationen und Delirien verursachen, die nur erfahrene Schaman:innen zur Weissagung und Heilung verwenden sollten.

Inspiration: Die Engelstrompete signalisiert eine Zeit der Katharsis oder des Todes. Ein tiefer emotionaler Zusammenbruch ist fällig oder steht bevor. Du fühlst dich vielleicht verloren in deiner eigenen emotionalen Verzweiflung, Depression oder Scham, aber wisse, dass die Engel der Einsicht und der Dunkelheit hier sind, um dich zu unterstützen. Die Konfrontation mit den dunkelsten Gefühlen in dir löst das größte Erwachen aus. Halte inne, lass den Kontrollzwang los und beobachte die Scherben in dir mit liebevoller Achtsamkeit. Die Medizin der Fledermaus symbolisiert den rituellen Tod von Beziehungen, Situationen oder Aspekten deines Lebens. Wie die Engelstrompete signalisiert die Fledermaus Katharsis und Wiedergeburt, sie zeigt den buchstäblichen oder metaphysischen Tod alter Muster an. Mach dir klar, dass du dich jederzeit neu erfinden kannst, egal, wie zerrüttet du dich fühlst.

47. HELMKRAUT
– Stille –
Scutellaria lateriflora, Scutellaria baicalensis

Bedeutung: Stille nach dem Sturm, Loslassen von Kontrolle, dem Leben vertrauen, sich dem göttlichen Plan hingeben, Aufbruch
Umgekehrt: Zusammenbruch, Furcht, posttraumatische Belastungsstörung, nicht weitergehen können, zerbrochen
Astrologische Herrscher: Pluto, Saturn

Der Gattungsname *Scutellaria* leitet sich vom lateinischen Wort *scutella* ab, was „kleine Schale" oder „kleine Wanne" bedeutet. Das beschreibt die Form des Kelchs an der Basis der Blüten, der an einen Miniaturschädel erinnert.

In der traditionellen chinesischen Medizin werden die Wurzeln der Art *Scutellaria baicalensis* seit mehr als 2.000 Jahren zur Behandlung von Krebs, Lungen- und Atemwegsinfektionen, Erkältungen, bakterieller Lungenentzündung, Leberstörungen, Bluthochdruck, Schlaflosigkeit, Entzündungen und Durchfall eingesetzt.

Die Cherokee und Native Americans verwendeten Helmkraut, um junge Mädchen feierlich als Frauen zu initiieren. Die Cherokee kochten die Wurzeln ab, um Brustschmerzen, Menstruationsbeschwerden und

Nierenprobleme zu behandeln und die Fortpflanzungsorgane nach der Geburt zu stimulieren. Die Irokesen nutzten einen Aufguss aus den pulverisierten Wurzeln zur Vorbeugung gegen Pocken und bei Halsschmerzen. Im 19. und 20. Jahrhundert verschrieben Ärzte Helmkraut bei Nervosität, Erschöpfung, Muskelkrämpfen, Herzstörungen, Hysterie, Muskelzittern und anderen Krämpfen.

In spiritueller Hinsicht ist Helmkraut nützlich, um Gelübde bindend zu machen und Verpflichtungen zu bekräftigen, z.B. bei Initiationsritualen oder Gelübden zwischen Liebenden. Helmkraut wird von Pluto regiert, dem Archetyp, der unseren Willen und unsere Macht repräsentiert und unsere Beziehungen mit unserer inneren Führung verbindet.

Inspiration: Der Sturm hat sich gelegt. Du hast gerade ein Unwetter überstanden oder überstehst es gerade. Erde dich tief im gegenwärtigen Moment. Wenn du Angst spürst, finde Trost in der Stille. Die Medizin des Skorpions verkörpert die Stille der Dunkelheit und hilft dir dabei, plötzliche Veränderungen mit Leichtigkeit und Ruhe zu akzeptieren. Wenn du dich erschöpft und ausgelaugt fühlst, ist jetzt der richtige Zeitpunkt, um innezuhalten und dich in deine Höhle zurückzuziehen. Du bist gerade dabei, dich nach dem Sturm wieder neu zu erfinden. Überstürze nichts, sondern halte inne. Nimm dir die Zeit, eine neue Version von dir selbst zu erschaffen.

48. KAVA KAVA
– Gemeinschaft –
Piper methysticum

Bedeutung: Feiern, Zugehörigkeit zum Stamm, Gemeinschaft, Freundschaft, Vereinigung, die eigene Wahlfamilie finden
Umgekehrt: Trennung, Ernsthaftigkeit, sich nicht mit anderen verbinden wollen, Einsamkeit
Astrologische Herrscher: Pluto, Mond

Kava bedeutet auf Tonga „bitter", und auf Hawaii heißt diese Pflanze *awa*. Der Legende nach wurde Kava von den Göttern Kane und Kanaloa aus Polynesien auf die Inseln gebracht. Kava war als Getränk der Götter bekannt und wurde überall auf den Pazifikinseln verehrt.

Man vermutet, dass Kava erstmals vor Tausenden von Jahren im Norden von Vanuatu wuchs. Da die Pflanze keine Samen trägt und sich nicht selbst vermehren kann, nahm man an, dass sie von den Göttern gehegt und gepflegt wurde, bis die ersten indigenen Völker kamen. Kava-Tee galt als Segen und wurde auf Schreine gegossen und später vom *Kahuna*, dem spirituellen Führer der Zeremonie, getrunken. Sie galt als heilig und wurde nur an Personen von hohem Rang weitergegeben. Mit der Zeit war sie jedoch allgemein zugänglich und wird auch heute noch bei gemeinschaftlichen Zeremonien getrunken.

Die Wirkung von Kava, welches manchmal auch als „Rauschpfeffer" bezeichnet wird, ist eine merkwürdige Kombination aus tiefer Entspannung und Stimulation des zentralen Nervensystems. Kava wirkt entspannend auf die Muskeln und dämpft Schmerzen, während es gleichzeitig den Fluss der Gedanken fördert. Kava kann die geistige Klarheit deutlich erhöhen, Depressionen, Verwirrung und Trauer lindern und die Intuition schärfen. Kava wirkt direkt auf das limbische System, das Kontrollzentrum unserer Emotionen, genau wie der Mond.

Pluto-Kräuter wie Kava bewirken eine tiefgreifende Veränderung unseres emotionalen Geistes. Die Energie des Pluto ist regenerativ und ermöglicht es, uns durch die vulkanische Kraft der Katharsis von aufgestauten Emotionen zu befreien.

Inspiration: Die Energie von Kava flattert wie die Flügel eines Schmetterling durch unser Nervensystem, entspannend und öffnend, und hilft uns dabei, uns hinzugeben. Auch wenn du inmitten einer wichtigen Phase in deinem Leben stehst, denke daran, dass du da nicht alleine durch musst. Wenn du dich aktiv mit anderen verbindest, erhältst du Unterstützung vom Universum und von Menschen, die sich dir auf dem Weg anschließen. Um die Medizin des Schmetterlings voll auszuschöpfen, schau dir deine Position in der Gemeinschaft an. Bist du ein:e Beschützer:in, ein:e Schöpfer:in, ein Bindeglied oder ein:e Visionär:in? Und wie passt das zu diesem Moment in deinem Leben und zu deiner persönlichen Entwicklung: Ei, Raupe, Kokon oder Schmetterling? Oft ist es eine große Erleichterung, wenn du deine Aufgabe in deiner Gemeinschaft und darin die Parallelen zu deiner inneren Reise findest.

49. PSILOCYBIN
– Sich verbinden –
Psilocybe cubensis, Psilocybe cyanescens, Psilocybe mexicana

Bedeutung: Gemeinschaft mit dem Heiligen, Verbindung mit jenseitigen Energien, Fernwahrnehmung, Regeneration durch Vereinigung, Zusammenkommen mit einem Stamm, die kosmische Familie finden
Umgekehrt: Trennung, fehlende Gemeinschaft, Angst vor der Verschmelzung mit anderen, mangelndes Interesse an Verbindung, Seelenverlust, Schmerz aus der Vergangenheit
Astrologische Herrscher: Pluto, Sonne

Mesoamerikanische Kulturen wie die Olmeken, Zapoteken, Maya und Azteken verwenden Psilocybin seit über 10.000 Jahren in Ritualen. Die Azteken nannten die Psilocybin-Pilze *teonanácatl*, was auf Nahuatl „Fleisch der Götter" bedeutet. Sie glaubten, dass Quetzalcoatl, die „gefiederte Schlange" und Schöpfergottheit, die Pilze als Geschenk auf die Erde brachte. Diese heiligen Pilze, die Visionen hervorrufen, wurden und werden von den indigenen Völkern als Tor zum Reich der Götter und als Weg zu tiefer spiritueller Einsicht und Inspiration verehrt. Als spanische Missionare diese Praktiken aufzeichneten, hielten sie die Zeremonien für Teufelsanbetung.

María Sabina, eine renommierte mazatekische *Curandera* (Heilerin), hielt nächtelange Pilzzeremonien (*veladas*) ab. Dabei versetzte sie sich in einen tiefen Trancezustand, um mit Gott zu kommunizieren und Kranke zu heilen. Sie nannte die Pilze *niños santos* oder „heilige Kinder". Die magische Wirkung der Pilze entdeckte sie im Alter von sieben Jahren. Sie aß sie und fand sich in einem Reich mit vielen Kindern wieder, die mit ihr sprachen und spielten. María hörte eine wunderschöne, übernatürliche Stimme, die ihr Wege der Heilung aufzeigte, ihr die Natur des Lebens erklärte und die Sprache beibrachte, die sie während der *veladas* sprach. Sie nannte sich selbst die Dolmetscherin, diejenige, die diese heilige Geistersprache verstand und sie übersetzte.

Die heutige Forschung zeigt, dass Psilocybin die Symptome von Ängsten und Depressionen deutlich lindern kann und das Wohlbefinden und die Lebensqualität insgesamt steigert.

Inspiration: *Los Niños Santos* lassen dich wissen, dass du in deiner Kraft angekommen bist. Sie sind Leuchttürme des Lichts auf der Erde und bieten psychische Heilung auf kollektiver Ebene an. *Los Niños Santos* fordern dich auf, dich auf deine Ahn:innen und die Mächte der Welt einzustimmen und mit ihnen zu kommunizieren, um dich weiter auszudehnen. Die Energie von Psilocybin durchflutet unseren Körper mit Licht und löst die Blockaden, die wir auf unserer

Lebensreise freiwillig beibehalten wollten. Wehre dich nicht gegen die tiefgründigen Lehren; entspanne dich in den höheren Geist, während du mit seinem liebevollen Bewusstsein in Kontakt trittst. Verbinde dich mit der Natur und der großen Gemeinschaft der Energien, die liebevoll auf dich warten, während du dich in einer unterstützenden Gemeinschaft zu Hause fühlst. Kommuniziere mit den Geistern und channele die Weisheit, die du spontan empfangen kannst.

50. AYAHUASCA
– Wiedergeburt –
Banisteriopsis caapi,
Psychotria viridis

Bedeutung: Wiedergeburt, Meisterschaft, große Offenbarung, Entdeckung des höheren Selbst, Begegnung mit der Schöpferin, göttlicher Bote, Geistesgaben, Erkenntnis, Telepathie, Transzendenz
Umgekehrt: Unglaube an unsichtbare Kräfte, Identitätsverlust, Widerstand gegen Veränderungen, Feststecken in alten Mustern. Unfähigkeit, über die eigene Erfahrung hinauszublicken, Zerbrechen von Idealen und Wünschen
Astrologische Herrscher: Pluto, Saturn, Neptun

Ayahuasca ist ein uralter zeremonieller Trank aus dem Amazonasgebiet, der vielen indigenen Völkern Südamerikas als heilige spirituelle Medizin gilt. Auf Kichua bedeutet *aya* „Seele/Geist“ und *huasca* „Rebe“. Ayahuasca wird hauptsächlich aus zwei Pflanzen hergestellt, der *Banisteriopsis caapi* und der *Psychotria viridis,* die auch als Chacruna bekannt ist, sowie aus weiteren Zutaten, die je nach Medizinmann oder -frau und *Curandero* variieren.

Der Ayahuasca-Trank wird traditionell zur Diagnose und Heilung von Krankheiten sowie zur Weissagung zubereitet. Es wird von einem/r Schaman:in serviert, während man die Geister mit heiligen Liedern und Tänzen ehrt und anruft. Der Trank löst einen tiefgreifenden visionsartigen Zustand aus, der übernatürliche Fähigkeiten wie die Kommunikation mit den Ahn:innen, Beziehungen zu interdimensionalen Wesen, einen Blick in die Zukunft und vieles mehr ermöglicht. Heiler:innen im Amazonasgebiet haben Ayahuasca vor allem zur Verjüngung von Körper und Seele sowie als Zell-, Magen-Darm- und psychisch-emotionales Reinigungsmittel eingesetzt. Wissenschaftliche Studien zeigen, dass Ayahuasca Menschen mit Depressionen und posttraumatischen Belastungsstörungen helfen kann.

Schaman:innen stellen eine transdimensionale Verbindung zur übernatürlichen Welt, zu den Naturgeistern und zum Universum her und erhalten wichtige Informationen über das Universum wie auch spezifische Anweisungen, wie sie Menschen heilen können. Wahre Schaman:innen sind Mystiker:innen, Heiler:innen und göttliche Boten; sie betreten Portale und erfüllen Aufgaben jenseits unseres dreidimensionalen Verständnisses. Ayahuasca gilt als Meisterpflanze. Schaman:innen nutzen sie zusammen mit anderen Kräutern als Medium erster Wahl, um den Prozess der Klärung zu unterstützen und um göttliche Energie zu channeln. Da Ayahusaca aus zwei heiligen Pflanzen besteht, trägt jede von ihnen auf archetypische Weise ihre Essenz zur Erschaffung dieses Elixiers bei; Banisteriopsis steht für Neptun, den fruchtbaren Boden, der die kraftvollen und kathartischen Visionen enthält, die von Plutos Chacruna ausgestrahlt werden.

Inspiration: Wenn du dich auf eine höhere Macht ausrichtest, kannst du dein Bewusstsein meistern. Der Geist von Ayahuasca unterstützt deinen Aufstieg, indem er dir die uralte Weisheit deiner DNA und der Erde vermittelt. Du darfst dich auf deiner Reise durch den kosmischen Schoß durchschütteln lassen! Ayahuasca ist ein Katalysator für die kathartische Befreiung vom Bekanntem, um dann unentdecktes Terrain der Seele zu entdecken. Du bist eins mit dem magnetischen Glanz der Quelle, der Intelligenz, die das große Mysterium orchestriert. Das Gefühl, sich im Labyrinth zu verirren, tritt nur dann auf, wenn du deine Intentionen oder deinen Respekt verlierst. Lass deine größten Intentionen und deine Bedürfnisse los. Betritt die Leere ohne Erwartungen und lass dich vom ozeanischen Bewusstsein verschlingen. Erinnere dich, dass du dich selbst heilen musst, um die Welt zu heilen. Du bist die Quelle der Liebe.

KRÄUTER DER ASTEROIDEN[1]

51. DRACHENBLUT
– Weltseele –
Croton lechleri

Bedeutung: Einheit, Verschmelzung mit dem Göttlichen, Zugang zur Weltseele (*Anima Mundi*), okkultes Wissen, Initiation, universelle:r Spender:in, Eintritt in die große Leere
Umgekehrt: Verloren im Unbekannten, dunkle Magie, Überwältigung, innerer Konflikt, blockierte geistige Sicht
Astrologische Herrscher: Lilith (schwarzer Mond), Pluto

Diese Pflanze, die in Amazonien und Südamerika auch als *Sangre de Drago* oder *Sangre de Grado* bekannt ist, wird seit Langem von den indigenen Völkern des Regenwaldes genutzt. Der Saft selbst sieht aus wie Blut, *la sangre*, und wurde oft auf Wunden gestrichen, um sie zu versiegeln, um die Heilung zu fördern und um Infektionen vorzubeugen. Innerlich eingenommen sollte

1 und der sensitiven Punkte (Anm. d. dt. Ausgabe)

er innere Blutungen verhindern oder stoppen. Auch bei Brüchen, Hämorrhoiden und Hautkrankheiten wurde das Drachenblut eingesetzt, außerdem innerlich bei Sodbrennen, Geschwüren und Dickdarmentzündungen sowie als antivirale Arznei. Diese wichtige und lebensrettende Medizin ist bis heute von enormer Wichtigkeit für viele Indigene.

Auf körperlicher Ebene gesehen ist Drachenblut der Inbegriff der plutonischen und skorpionischen Energie, da beide archetypisch das Symbol des Blutes beherrschen. Schaman:innen haben Drachenblut für Zaubersprüche, Schutz-, Reinigungs- und Weiherituale verwendet. In der christlichen Kunst war der Drache ein Symbol für das Böse und die Sünde, doch in vielen anderen Traditionen gelten Schlangengottheiten wie der Drache als wohlwollende, scharfäugige Wesen, die das Geheimnis der großen Leere hüten.

Inspiration: Drachen sind uralte Wächter der Erde und symbolisieren verborgenes Wissen und verheißungsvolle Kräfte übernatürlichen Ursprungs. Sie werden als ätherische Wesen beschrieben, die in den tiefsten Tiefen des Äthers leben und die Herrschaft über die vier Elemente haben. Aus dem Kern der Pflanze Drachenblut sickert Blut, das das kollektive Blut und das Blut der Natur repräsentiert, was als Tor zur *Anima Mundi*, der Weltseele, dient. Wenn du das allwissende Portal der großen Leere betrittst, schrecke nicht vor dessen Weite zurück. Umarme sie in einer großen

Initiation. In diesem Erwachen wirst du das einzigartige Muster entdecken, das du zur großen Komplexität des Lebens beiträgst.

52. ZITRONENMELISSE
– Nähren –
Melissa officinalis

Bedeutung: Mutter Erde, Zugang zu den Wegen der Erde, planetare Hüterin, Gleichgewicht der Gefühle und Emotionen, Nähren
Umgekehrt: Trennung von der Großen Mutter, Mangel an Selbstfürsorge, verwundetes inneres Kind, Heilung des Mutterarchetyps
Astrologische Herrscher: Ceres, Jupiter

Melissa officinalis leitet sich vom griechischen Wort *melissa* ab, das „Honigbiene" bedeutet. Es wurde von den Imkern im Tempel der Artemis gepflanzt, um den heiligen Honigbienen etwas Gutes zu tun. Sowohl im antiken Griechenland als auch in der Türkei glaubte man, dass die Anpflanzung von Zitronenmelisse in der Nähe von Bienenstöcken die Honigbienen anlockt und sie davon abhält, den Bienenstock zu verlassen.

Im Mittelalter hieß es, dass ein Zweig Zitronenmelisse Blutungen stillen kann. In jüngerer Zeit wird die Zitronenmelisse wegen ihrer entspannenden Wirkung auf das zentrale Nervensystem verwendet, um Stress, Ängste und depressive Verstimmungen zu lindern. Wissenschaftliche Studien haben tatsächlich ergeben, dass Zitronenmelisse die negativen Auswirkungen von psychischem Stress deutlich mildert.

Verschiedene Kulturen glaubten, dass die Zitronenmelisse mystische und beruhigende Kräfte besäße und das Gedächtnis verbessere. Im Volksglauben wurde sie verwendet, um das Böse abzuwehren und Gesundheit und Glück zu fördern. Ein arabischer Arzt aus dem 11. Jahrhundert namens Avicenna glaubte, dass die Zitronenmelisse „den Geist und das Herz fröhlich macht", und führte dieses Kraut als Heilmittel gegen Depressionen und Angstzustände ein.

Die Zitronenmelisse verkörpert sowohl den Archetypus des Jupiters als auch sein weibliches Gegenstück, den Asteroiden Ceres. Die römische Göttin Ceres herrscht über die Gesundheit, die Landwirtschaft, die Ernährung, die Fruchtbarkeit, unsere Beziehung zur Mutter, die Pflege (oder das Fehlen derselben) von familiären Beziehungen und unsere letztendliche Verbindung zu Mutter Erde. Ceres beschreibt, was wir brauchen, um uns in diesem Leben genährt zu fühlen und wie wir die Menschen um uns herum nähren. Wie Jupiter sind ihre Qualitäten heiter und unterstützen unser Wohlbefinden und unsere Langlebigkeit.

Inspiration: Gib dir selbst die Erlaubnis, deinen tiefsten Kern mütterlich zu umarmen. Höre auf dein inneres Kind. Hole unbewusste Teile deiner Vergangenheit ins Bewusstsein, vergib dir selbst und befreie das verstummte innere Kind. Die Zitronenmelisse hilft uns dabei, wieder die sanfte Kraft der Fürsorge zu spüren. Ihre Weichheit erinnert uns daran, uns mit der

Großen Mutter in all ihren Formen und Gestalten zu verbinden. Die Medizin der Honigbiene stellt dir die Frage: Wo kann ich weich und empfänglich werden? Wie kann ich mein inneres Kind erreichen, um ganz zu werden? Die Honigbiene symbolisiert die Magie des Nektars, der Vitalität, des Wohlstands und des großen inneren und äußeren Reichtums, der vor uns liegt.

53. LÖWENZAHN
– Verwundeter Heiler –
Taraxcum officinale

Bedeutung: verwundeter Heiler, Wunden als Tools zum Erwachen, Heilreise, Heilung des inneren Kindes
Umgekehrt: verwundetes inneres Kind, untätig sein, abgelehnte Instinkte, Trauma, Opferrolle
Astrologische Herrscher: Chiron, Jupiter

Das englische Wort für Löwenzahn – *dandelion* – kommt aus dem Französischen *dent-de-lion* oder „Zähne des Löwen", was sich auf die gezackte Form der Blätter bezieht. Die Franzosen nannten die Pflanze wegen ihrer harntreibenden Wirkung auch *pis-en-lit* oder „ins Bett pinkeln". Die Native Americans nutzten sie bei Nierenerkrankungen, Schwellungen, Hautproblemen, Sodbrennen und Magenverstimmungen. In der traditionellen chinesischen Medizin wurde der Löwenzahn bei Magenproblemen, Blinddarmentzündung, Brustentzündung und zur Unterstützung der Milchproduktion eingesetzt. In Europa behandelte man mit ihm Fieber, Furunkel, Augenprobleme, Diabetes und Durchfall.

Löwenzahn ist ein Überlebenskünstler. Er hat die außergewöhnliche Fähigkeit, auch in ungünstigsten Umgebungen zu gedeihen. Löwenzahn lockert harte Erde auf und bildet tiefe Pfahlwurzeln, die den Boden verjüngen. Und genau das tut er auch für Körper und Seele. Er hilft uns dabei, uns zu erneuern, zu reinigen, zu mineralisieren und uns anzupassen. In der medizinischen Astrologie wird Löwenzahn mit der Sonne und Jupiter in Verbindung gebracht und gilt in erster Linie als ein Heil- und Bitterkraut, das nach und nach den Körper ins Gleichgewicht bringt und die Gesundheit und Vitalität steigert.

Chiron, auch bekannt als der verwundete Heiler, war in der griechischen Mythologie ein weiser Zentaur. Er gab seine Unsterblichkeit auf, um Prometheus zu retten, nachdem dieser versehentlich von einem vergifteten Pfeil durchbohrt wurde und erfuhr, dass er trotz all seines medizinischen Wissens für immer Schmerzen haben würde. Er ist auch Teil einer Sternenkonstellation am Himmel. Chiron bewegt sich auf einer Bahn zwischen Saturn und Uranus und markiert symbolisch das Grenzgebiet zwischen Saturn (der dritten Dimension und der konkreten Realität) und Uranus (der fünften Dimension und dem Quantengeist, der die Regenbogenbrücke zwischen den inneren und äußeren Planeten verkörpert). In der Astrologie steht Chiron für unsere tiefsten, verletzlichsten Wunden, die am schwierigsten zu heilen sind, aber auch für unsere größten Begabungen.

Inspiration: Der Löwenzahn erinnert dich daran, dass du unabhängig von deinen Umständen stets Erfolg haben kannst. Übernimm die Verantwortung für deine

Wunden, finde Dankbarkeit, tauche in die Tiefen deines Ursprungs ein und nutze deine Verletzungen, um den Sinn und die Heilung zu definieren, die du der Welt vermitteln und mit ihr teilen willst. Lass nicht zu, dass dein Schmerz deine Persönlichkeit bestimmt, sondern schöpfe aus ihm Kraft und Sinn. Wie Chiron bist du aus dem Samen der höheren Ordnung und Intelligenz geboren. Nimm das Geschenk dieser großen Heilkraft an und wage dich auf neue Wege über die vorgegebenen Pfade hinaus.

KRÄUTER DER MONDKNOTEN

54. ASHWAGANDHA
– Sinn –
Withania somnifera

Bedeutung: die göttliche Bestimmung (Dharma) finden, das zukünftige Selbst finden, ein göttliches Geschenk erhalten
Umgekehrt: keine Bestimmung finden, sich verloren fühlen, verwirrt sein, von der Vergangenheit verwundet sein, Erschöpfung
Astrologische Herrscher: Nördlicher Mondknoten, Mond

Seit über 4.000 Jahren ist Ashwagandha, auch als Schlafbeere bekannt, eines der weltweit effektivsten apoptotischen Kräuter, weil es über die tiefgreifende Fähigkeit verfügt, Körper, Geist und Seele wiederherzustellen und zu verjüngen. Ashwagandha bedeutet „der Geruch eines Pferdes" – *ashwa* bedeutet „Pferd" und *gandha* „Geruch" – und es bietet dir die Kraft und Ausdauer eines Pferdes, während es gleichzeitig das weibliche und männliche Fortpflanzungssystem nährt. Der lateinische Artname *somnifera* bedeutet „schlaffördernd" und unterstreicht damit seine entspannenden und erholsamen Eigenschaften.

Im Ayurveda gehört Ashwagandha zu einer Unterkategorie von Kräutern, die *medhya rasayanas* genannt werden – *medhya* bedeutet „Intellekt/Geisteskraft" und *rasayanas* bedeutet „Verjüngung". Rasayanas besitzen *Soma,* das Ambrosia der Unsterblichkeit. Traditionell wird Ashwagandha verwendet, um den Körper zu kräftigen, zu stärken und zu revitalisieren, weil es gleichzeitig Energie spendet und beruhigt. Es maximiert die Fähigkeit des Körpers, Stress zu widerstehen und sich anzupassen, Lebensenergie zu speichern und aufrechtzuerhalten, und fördert einen gesunden und erholsamen Schlaf.

Ashwagandha wird sowohl von der Sonne als auch vom Mond regiert. Es steht für eine stärkende, regulierende, das Immunsystem schützende, alterungshemmende und stimmungsaufhellende Verkörperung der Energie des solaren Archetyps. Gleichzeitig sorgt Ashwagandha für erholsamen Schlaf, Tiefenentspannung, Stärkung des Nervensystems und für Regeneration – alles Eigenschaften, die durch den Mondarchetyp verkörpert werden.

Die Mondknoten symbolisieren in der ayurvedischen Astrologie unseren karmischen Werdegang: Rahu, oder der nördliche Mondknoten, hält Botschaften für unser zukünftiges Selbst bereit, für unser Schicksal und das, was wir als Seele in diesem Leben lernen. Ketu, oder der südliche Mondknoten, enthält unser karmisches Erbe.

Inspiration: Ashwagandha spiegelt wie der nördliche Mondknoten die Potenziale unserer göttlichen Bestimmung wider, die im Sanskrit auch als *Dharma* bezeichnet wird. Ashwagandha birgt sowohl solare als auch lunare Elemente in sich, denn es bietet große Stärke und Anpassungsfähigkeit, jedoch verbunden mit den Qualitäten des Mondes wie Entspannung, Klarheit und erweitertes Bewusstsein. Ashwagandha erinnert dich daran, dass du nicht unbedingt die Gesamtheit deines Ziels kennen musst, um es zu verfolgen. Wenn du im Einklang mit deinem Dharma lebst, gibt es keine Trennung zwischen deiner inneren und äußeren Realität. Sie wird zu einem zusammenhängenden Ausdruck, der dir ein Gefühl der Ganzheit und Vollkommenheit gibt. Vielleicht bist du dir über dein gewünschtes Ergebnis nicht im Klaren, sodass sich deine Bemühungen unfokussiert oder zwecklos anfühlen. Doch selbst wenn du den Kontakt zu deinem „Warum" verloren hast, bleibe offen für das Geheimnis der Reise. Bleib konzentriert und sei spielerisch. Folge weiterhin den Zeichen.

55. PALO SANTO
– Wächterin –
Bursera graveolens

Bedeutung: Gaben aus vergangenen Leben, Aktivierung schlummernder Talente, Verbindung zu den Ahn:innen, Hüter:in des Heiligen, der heilige Schelm
Umgekehrt: schlummernde Gaben, Leben in der Vergangenheit, verborgene Fähigkeiten, karmisches Erbe
Astrologische Herrscher: Südlicher Mondknoten, Pluto

Die rituelle Verbrennung von Palo Santo, was übersetzt „heiliges Holz" bedeutet, lässt sich bis ins Inkareich zurückverfolgen, wo es in spirituellen Zeremonien verwendet wurde, um den Körper und den Raum vom Bösen zu reinigen. Bis heute wird es in vielen indigenen Gemeinschaften in Mittel- und Südamerika rituell genutzt, insbesondere um sich von dunkler Energie, „schlechter Luft" und dem bösen Blick zu reinigen. *Mal de aire* bedeutet übersetzt „schlechte Luft". Gemeint ist eine Krankheit des Geistes, von der man glaubt, dass es sich um eine Art kalte Nachtluft handelt, die von Dämonen erzeugt wird und in den Körper eindringt, um dort Schmerzen, Unbehagen, Krankheit und ein Ungleichgewicht zu verursachen.

Bei Medizinmännern und -frauen der Inkas war dieses Holz in religiösen Ritualen beliebt, um Negativität zu neutralisieren, den Körper, den Geist und den Space zu verjüngen, Frieden, Gleichgewicht und Glück zu bringen und eine bessere spirituelle Kommunikation mit ihren Göttern zu ermöglichen.

Wissenschaftliche Studien zeigen, dass Palo Santo Stress und Ängste abbauen, den Kreislauf anregen, Gelenk- und Muskelschmerzen lindern und die Stimmung und das Immunsystem verbessern kann. Außerdem reinigt es nachweislich den Raum, vertreibt Bakterien und wehrt Insekten ab.

Die medizinischen Qualitäten von Palo Santo sind sehr plutonisch, da es dunkle Energien klärt und gleichzeitig einen beschwörenden Spirit in sich trägt. Es eignet sich perfekt bei der Formulierung starker Intentionen. Aus Palo-Santo-Holz werden seit Langem Zauberstäbe gefertigt, die angeborene Gaben wie Weisheit, Intuition und die Fähigkeit, in die Vergangenheit und frühere Leben zu sehen, freisetzen.

Inspiration: Palo Santo ist wie ein schützender Zauberstab, der uns die Macht verleiht, angeborene Talente freizusetzen, die in uns schlummern, aber inaktiv oder blockiert sind. Palo Santo steht dir wie der Fuchs als geistiger Führer zur Seite, der dir hilft, dich in der geistigen Welt zurechtzufinden. Die in Südamerika beheimateten Sechura-Füchse suchen im Palo-Santo-Wüstenwald Schutz und leben in Symbiose mit diesen wertvollen Bäumen. Füchse sind ein Symbol für das Leben nach dem Tod, Unsichtbarkeit und den heiligen

Schelm. Palo Santo neutralisiert das Gift des dunklen Schelms und verwandelt es in Gold. Palo Santo erinnert dich daran, deine schlummernden Gaben zu aktivieren. Du bist ein:e Hüter:in des Heiligen, der oder die schon viele Wege gegangen ist; wisse, dass du das größte Gift neutralisieren und sogar die schlauesten Betrüger überlisten kannst.

DANKSAGUNGEN

Ich widme dieses Orakel dem Spirit der Natur, vor dem ich mich mit tiefster und demütigster Liebe verneige.

Meinen geliebten Kindern gewidmet, die zu der nächsten Generation gehören, deren große Aufgabe darin besteht, das Heilige zu schützen.

Möge dieses Orakel eine Inspiration sein, um uns Erdlinge wieder mit der Natur zu vereinen, damit wir weiterhin das Wohlergehen unserer heiligen Heimat schützen können.

ÜBER DIE AUTORIN

Adriana Ayales ist Kräuterkundlerin des Regenwaldes, Medizinfrau, Mutter, Pädagogin und Inhaberin von *Anima Mundi Herbals*. Sie wurde in Costa Rica geboren und wuchs dort auf. Seit mehr als 14 Jahren studiert sie verschiedene Heiltraditionen und arbeitet mit Kräutermeister:innen und Schaman:innen zusammen. Schon als Kind tauchte Adriana in die Welt der Heilung und der Mystik ein und folgte ihrem eigenen geistigen Weg. Als eingeweihte Medizinfrau fand sie ihre Berufung darin, die Heilmittel der Natur zu channeln und den Menschen zu helfen, durch sie heil zu werden. Adriana gründete *Anima Mundi* in Brooklyn, NY, um uralte Heilmittel für die moderne Welt verfügbar zu machen. Ihr Herzensanliegen ist es, durch die Kunst der Arzneimittelherstellung ein authentisches und gleichzeitig nachhaltiges Heilsystem anzubieten. Sie ist davon überzeugt, dass wir durch die Bewahrung der traditionellen indigenen Pflanzenkunde einen sehr heiligen Aspekt unseres Ursprungs am Leben erhalten.

ÜBER DIE KÜNSTLERIN

Joséphine Klerks ist Künstlerin, Mutter und Kräuterkundige und lebt in den schwedischen Wäldern. Sie ist Mutter Natur auf schöpferische Weise durch traditionelles Handwerk, Kräuterkunde, Mutterschaft, Traumarbeit und Malerei verbunden.

Sie ist der festen Überzeugung, dass die Wiederherstellung unserer Beziehung zur Erde die wirksamste Medizin unserer Zeit ist.

Ihre finnischen, niederländischen und indonesischen Wurzeln inspirieren sie, die Weisheit, die tief in Erde und Kosmos verborgen liegt, für sich wiederzugewinnen und zu ehren.

Wenn sie kreativ arbeitet, spürt sie, dass ihre Hände und ihr Herz in direktem Kontakt mit der Lebenskraft selbst stehen – einem großen, vom Spirit beseelten Netz aus wechselseitigen Beziehungen.

Bernd Brunner

Das Granatapfelbuch

Insel Verlag

Insel-Bücherei Nr. 1444

Das Granatapfelbuch

// EINE KLEINE HANDREICHUNG FÜR DEN UMGANG //

Man erwartet von einer Frucht, dass sie es uns nicht allzu schwer macht, auf ihr saftiges und wohlschmeckendes Inneres zuzugreifen. Viele Früchte erfüllen uns diesen Wunsch, andere machen es uns ein wenig schwerer: Quitten zum Beispiel müssen meist gekocht werden, weil ihr Fruchtfleisch zum direkten Verzehr zu hart ist. Und in eine Ananas – so schön sie anzusehen ist – kann man ebenfalls nicht einfach so hineinbeißen. Auch der Granatapfel mit seiner lederartigen, etwa fünf Millimeter dicken und mal blassgelben, mal rosafarbenen oder tiefroten Schale, die von einem charakteristischen eingetrockneten Blütenkelch gekrönt wird, stellt uns vor einige Herausforderungen. So manch einer dürfte schon vor der Frucht gestanden und geahnt haben, dass er nur mit wohldosierter Gewalt an die roten, »knusprigen« Kerne im Inneren des Apfels gelangen wird.

Der Aufbau der Frucht, ihre Architektur, wenn man so will, ist kompliziert. Was sind das für Kräfte, die der Pflanze innewohnen, die diese kunstvoll gestalteten Objekte hervorbringen? Ihre fruchtige Frische versprechenden, maiskorngroßen Kerne sind versteckt – man mag sich an eine Bienenwabe oder die Perlen in einer

Muschel erinnert fühlen. Dabei ist der Begriff »Kern« für die feucht glänzenden Fruchtkügelchen botanisch gesehen nicht einmal korrekt, man müsste vielmehr
8 / vom fleischigen Samenmantel oder *Arillus* sprechen, in dem dann noch der Samen geborgen ist. Dem allgemeinen Sprachgebrauch folgend, soll hier dennoch vom »Kern« die Rede sein.

Bei den im Handel angebotenen Früchten kann man davon ausgehen, dass sie reif sind. Der Reifegrad lässt sich aber nicht unbedingt an der Farbe der Schale ablesen. Mit vorschnellen Schlussfolgerungen sollte man zurückhaltend sein: Sie kann tiefrot gefärbt sein, die Frucht aber trotzdem unangenehm sauer, oder sie kann blassgelb sein und von wunderbarem Geschmack, hier spielt auch die Sorte eine Rolle. Mehr Aufschluss erlaubt da ihr »Klang«: Die Frucht sollte beim Anklopfen metallisch klingen. Und eine andere Faustregel besagt: Je schwerer die Frucht, desto saftiger die Kerne.

Schälen kann man einen Granatapfel nicht (als wäre er ein richtiger Apfel oder eine Orange), deswegen sollte man besser von »öffnen«, »entkernen« oder »verarbeiten« sprechen. Wie man es bzw. ihn auch dreht und wendet: Zu den leicht Verarbeitbaren wie etwa der Mandarine gehört die schöne und geheimnisvolle Frucht bestimmt nicht.

Als Grundregel gilt, dass das Öffnen umsichtig geschehen sollte, denn der austretende Saft hinterlässt auf Textilien hartnäckige Flecken. Nun gibt es verschiedene, durchaus umstrittene Wege, um an das begehrte Innere zu kommen. Zum Beispiel kann man, nachdem man vorsichtig rundherum die Schale aufgeschnitten und den Granatapfel dann durch Drehen halbiert hat, mit einem Löffel oder einer Holzkelle auf die Außenschale der halbierten Frucht schlagen. Dabei sollten die Fruchthälften mit der Schnittkante nach unten in einer kleinen Schüssel liegen, damit die Kerne ganz herausfallen können. Das klingt einfach, setzt allerdings voraus, dass sie einigermaßen locker in der Frucht sitzen. Das ist aber nicht immer der Fall. Dann kann es helfen, die Frucht mit den Fingern vor dem Öffnen zu kneten, damit sich die Kerne von den inneren Häuten lösen.

Andere schwören darauf, den Kelch kreisförmig herauszuschneiden, die Schale den Trennwänden in der Frucht folgend aufzuritzen und die einzelnen Blöcke mit den mehr oder weniger zusammenhängenden Kernen mit den Fingern aus der in mehrere Stücke geteilten Frucht herauszulösen. Man kann die Frucht auch in mehrere Stücke teilen und die erfrischenden Kerne dann mit den Zähnen entnehmen. Mit etwas Übung gelingt das ganz gut. Dabei muss man weder nach draußen gehen noch sich in die Badewanne setzen, ein Küchentuch empfiehlt sich aber in jedem Fall als Unterlage, um Spritzer aufzufangen. Die Farbstoffe sind recht hartnäckig und erinnern an die frühere Verwendung des Saftes als Schreibtinte und für das Färben von Orientteppichen. Dort, wo der Umgang mit diesen Früchten vertrauter ist, wird ihre Öffnung als Gelegenheit für ein fröhliches Zusammensein verstanden. Die vielen Clips auf YouTube, die zeigen, wie man es am besten anstellt, belegen eben auch, wie viele Menschen die Verarbeitung der Frucht vor ein Problem stellt.

Eine mechanische Presse ermöglicht es, größere Mengen des Safts herzustellen. Ob man den gewonnenen Saft danach noch durch ein Sieb gießt, bleibt dem persönlichen Geschmack vorbehalten, aber die gerbsäurehaltigen Trennwände haben mitunter einen ausgeprägt bitteren Geschmack. Eine israelische Firma hat einen Apparat entwickelt, mit dessen Hilfe sich die Kerne vollautomatisch aus der Frucht entfernen lassen. Der Saft, der dann direkt aus den Kernen hergestellt wird, ist weniger bitter als der, für den das ganze Fruchtinnere verarbeitet wird. Andere Hersteller verwenden bzw. zermahlen ganz bewusst auch einen Teil der Schalen und Innenhäute, um möglichst viele Inhaltsstoffe zu bekommen.

Speziell in die Saftproduktion gehen oft Früchte,

die kleiner und nicht so ansehnlich sind. Vier Tonnen Früchte ergeben durchschnittlich eine Tonne Saft. Professionelle Safthersteller können sich nicht auf Muskelkraft verlassen – sie haben diesen Vorgang voll automatisiert. Der Saft wird haltbar gemacht, indem man ihn eine halbe Stunde lang mit Hitze behandelt oder Natriumbenzoat als Konservierungsmittel hinzufügt.

Meine nähere Bekanntschaft mit dieser uralten Kulturpflanze kam erst spät. Auslösendes Moment waren die Berge feinsäuberlich geschichteter Früchte auf dem Sonntagsmarkt im Istanbuler Viertel Tarlabaşı. Dort waren die Granatäpfel ganz offensichtlich keine exotische Spezialität oder Luxusfrucht, sondern etwas, was in größeren Mengen unter die Leute gebracht werden sollte. Im Westen mag die Frucht zuweilen Rätselraten hervorrufen, aber hier musste man niemandem erklären, was es mit ihr auf sich hat.

Es verstrich noch geraume Zeit, bis ich mich selbst am Öffnen der Frucht versuchte. Der frisch gepresste Saft, den man von November bis in den Mai hinein bekommt, hat seine Tücken. Manchmal gibt es eine säuerlich-bittere Überraschung, die sich auf nüchternen Magen unangenehm auswirken kann. Ob man dem Saft etwas Zucker zusetzt oder nicht oder ihn mit süßerem Orangensaft vermischt, ist Geschmackssache.

Was ist nun das entscheidende Moment, das uns heute nach dieser Frucht greifen lässt, worin besteht ihr großer Reiz? Ihre geheimnisvolle Schönheit? Ihr Geschmack? Ihr Versprechen auf Gesundheit? Ihre lange Geschichte womöglich?

// WIE DER GRANATAPFEL IN DIE WELT KAM //

Der Granatapfel zählt zu den ersten von Menschen kultivierten Obstarten; er befindet sich damit in Gesellschaft von Olive, Dattel und Feige und wurde – das haben archäologische Untersuchungen ergeben – noch vor Mandel, Aprikose und Birne angebaut. Als seine Ursprungsregion gilt der weite Raum vom Osten der Türkei über Armenien bis in den Iran. Er wurde oft mit Feigenbäumen zusammen angepflanzt, in trockeneren Regionen auch neben oder im Schutz von Dattelpalmen. In Persien wurde er schon dreitausend Jahre v. Chr. kultiviert, ebenso auf dem Gebiet des heutigen Israel.

Vermutlich gelangte er im Gepäck von phönizischen Händlern und Seeleuten zwei Jahrtausende vor unserer Zeitrechnung nach Nordafrika, Griechenland und Kleinasien. Während der Bronzezeit nahm der Handel zu Wasser und zu Land große Ausmaße an. Die archäologische Untersuchung gesunkener Schiffe und der aus diesen geborgenen Keramikbehälter im Mittelmeer, etwa vor der türkischen Küste, hat ergeben, dass der Granatapfel – neben Mandeln, Eicheln, Pinienkernen, Oliven, Feigen und Trauben – schon während der Bronzezeit eine wichtige Rolle gespielt hat. Zunächst nur in der weiten Region vom Himalaya bis zum Mittelmeer angebaut, fand er im Laufe der Jahrhunderte seinen Weg auch nach Indien und China – vermutlich auf der Seidenstraße. Es gibt den Hinweis, dass ihn Chang Kien von Samarkand 150 v. Chr. in China eingeführt hat, wo er im warmen Süden angebaut wurde und als exotische Spezialität in die kühleren Teile des Lan-

des geliefert worden sein soll. Später gelangte er nach Japan und Südostasien. Der italienische Jesuit und Missionar Martino Martini erwähnt in seinem *Atlas Sinensis* (1655) die Granatäpfel, die er in den Gärten Pekings gesehen hat – neben Äpfeln, Birnen, Persimonen, Pflaumen und Feigen.

Wildformen der Pflanze kann man auf Bergen und

an Flussufern im Südgürtel des Kaspischen Meeres, im Nordosten der Türkei, in Griechenland, in Albanien, Montenegro, Herzegowina, in Spanien und auch in Marokko finden. Sie wird mal als Strauch, mal als Baum beschrieben, gilt als vielstämmig, sparrig-ästig, krummschäftig, wuchernd, dornig. Die Früchte des wilden Baumes unterscheiden sich von denen der kultivierten vor allem durch die Größe: Sie sind kleiner, variieren aber in ihrem Saft- und Säuregehalt. Welche Rolle spielten diese wilden Früchte für die Menschen während der Jahrtausende, die den ersten Kultivierungsbemühungen vorausgingen?

Viele Früchte haben im Gegensatz zu den meisten anderen Nahrungsmitteln generell einen Vorteil, denn sie müssen vor dem Verzehr nicht gegart werden. Und der Granatapfel konnte, einmal gereift, gut gelagert oder von Nomaden über weite Entfernungen transportiert und als kleine Erfrischung genossen werden. Zu vermuten ist jedoch, dass das Trinken des Saftes wegen seiner blutroten Farbe innerhalb archaisch-magischer Vorstellungswelten mit Vorbehalten oder Tabus belastet gewesen ist – der Saft einer Pflanze als Verkörperung ihrer Seele gesehen.

Wie kann man feststellen, ob Pflanzen ursprünglich wild oder erst nach Einführung der Kultur verwildert sind? Findet man sie in Felsspalten weitgehend unberührter Landstriche, ist wahrscheinlicher, dass es sich um wild wachsende Pflanzen handelt; wenn sie dagegen in der Nähe von Gärten oder menschlichen Siedlungen gefunden werden, sind sie vermutlich nicht ursprünglich wild. Am besten in den Ursprungsgebieten auskennen dürfte sich Gregory Moiseyevich Levin, der 1933 in Leningrad geboren wurde und schon früh eine Leidenschaft für Pflanzen entwickelte. In den 1950er Jahren fuhr er im Auftrag seines Professors in den nördlichen Kaukasus (heute Kabardino-Balkarien), um dort Pflanzen für den botanischen Garten der neu eingeweihten Moskauer Universität zu sammeln. Als Agrarwissenschaftler wurde er in ein Obstkollektiv in Dagestan – der dem Kaspischen Meer zugewandte Teil des Nordkaukasus – entsandt und beschäftigte sich dort mit Brombeeren und Äpfeln, bevor sich sein Interesse ganz auf die Granatäpfel verlagerte. Um den Geheimnissen des Granatapfelbaumwachstums auf die Spur zu kommen, suchte Levin immer wieder die Felsschluchten des Kopet-Dag-Gebirges an den Grenzen zwischen Turkmenistan und dem Iran auf. Dort konnte er beobachten, dass die Früchte in besonders trockenen Jahren oft schon im Juli oder August aufbrachen und die Kerne dann gleich von Mäusen, Stachelschweinen, Wildschweinen oder sogar Kühen, die sich dorthin verirrt hatten, gefressen und auf diesem Weg über Dutzende von Kilometern wegtransportiert wurden.

Gleichzeitig trugen Ameisen und Termiten die Kerne auf dem Boden herum. Der Regen hatte seinen eigenen Anteil an der Verbreitung, indem er sie Hügel und Schluchten hinunterwusch. Übrig gebliebene Kerne bzw. Samen keimten nur, wenn die Bedingungen im folgenden Frühjahr günstig waren. In jedem Fall blieben die jungen Pflanzen während der ersten Jahre auf ausreichende Wasserzufuhr angewiesen, um ein tragfähiges Wurzelsystem auszubilden – ansonsten gingen sie schon während des ersten heißen Sommers zugrunde. Und in manchen Jahren kamen so viele Nagetiere, die den Boden nach allen auffindbaren Samen absuchten und sie auffraßen, dass es keine mehr gab, die überhaupt noch hätten keimen können – sogenannte »Mäusejahre«. Hinzu kam, dass die Winter oft so kalt waren, dass die Pflanzen stark von den niedrigen Temperaturen in Mitleidenschaft gezogen wurden. Wenn sie nicht erfroren, entwickelten die Bäume oft einige Jahre lang nur noch sehr wenige und kleine Früchte.

Neben der uns vertrauten Art, von der etliche Zuchtvarianten existieren, gibt es nur noch eine weitere, die auf der dem Horn von Afrika vorgelagerten und zu Jemen gehörenden kargen Insel Sokotra wächst. Die rosa Blüten zeigende Pflanze wurde zuerst von dem englischen Botaniker Issac Bayley Balfour beschrieben, der sich 1880 knapp zwei Monate auf der Insel aufgehalten hat und die dortige Pflanzenwelt inventarisierte. Ergebnis war sein Mammutwerk *Botany of Socotra* (1888), das 565 blühende Pflanzen aufführt, von denen 206 nur dort vorkommen. Geologen vermuten, dass Sokotra ein Teil des früheren Superkontinents Gondwana war. Wegen der Vielzahl endemischer Arten trägt die Insel auch den Namen »Galapagos des Indischen Ozeans«.

In welchem Verhältnis stehen die beiden Arten zueinander? Stammt der uns vertraute Granatapfel von diesem insularen Exoten ab? War diese Form womöglich früher weiter verbreitet? Oder wurde die auf Sokotra vorkommende Art mit der Entstehung der Insel von einem anderen Vorläufer isoliert? Norbert Kilian, Forscher am Botanischen Museum in Berlin, der diese Art aus eigener Anschauung kennt, meint: »Auf der Basis der Morphologie ließe sich argumentieren, dass die sokotrinische Art ursprünglicher ist, da der zweistöckige Fruchtknoten von Punica granatum, der eine krasse Ausnahme unter den Blütenpflanzen darstellt, hier nicht ausgeprägt ist. Man sollte aber beide als Schwestersippen betrachten, die von einem gemeinsamen, nicht mehr existenten Vorfahren abstammen, solange

es dafür aber keinen Beleg gibt.« Eine Nutzpflanze ist der sokotrinische Granatapfelstrauch wohlgemerkt kaum: *Rihiyni*, wie die Frucht dort genannt wird, soll sehr bitter schmecken und von Hirten bzw. Beduinen nur im Ausnahmefall verwendet werden. Das Holz gilt als resistent gegen Termiten.

20 / Mit den Spaniern kam der Granatapfel nach Amerika. Für das frühe 18. Jahrhundert ist sein Anbau für das seinerzeit noch spanische Florida und das britische Georgia belegt. Auch in Kalifornien geht seine Kultivierung auf spanische Siedler zurück, die ihn dort 1769 eingeführt haben. Die Mission von San Gabriel galt im Hinblick auf den Anbau von Nutzpflanzen als besonders wichtig. Am Ende der Bewirtschaftung durch Padre Zalvidea im Jahre 1826 sollen die Gärten 2333 Obstbäume umfasst haben: Orangen, Feigen, Granatäpfel, Pfirsiche, Äpfel, Limonen, Birnen und Zitronen. Der Granatapfelbaum wird in Kalifornien vor allem im San Joaquin Valley, in dem südlichen Teil des Längstals, angebaut. Allerdings erwähnte Robert W. Hodgson in seiner Schrift *The Pomegranate* noch 1907 die schwache Nachfrage nach dieser Frucht; damals wurden in diesem Bundesstaat nur etwa fünfzig bis sechzig Hektar bepflanzt. »Dies hängt mit dem Unwissen der amerikanischen Öffentlichkeit über die Vorzüge der Frucht zusammen [...]. An Apfel, Birne, Traube und Orange gewöhnt, zögern sie bei dieser fremden Frucht«, beklagte der Agrarwissenschaftler. Inzwischen sind jedoch andere Zeiten angebrochen, die Anbauflächen haben

sich während der vergangenen Jahre deutlich erhöht, auf über 12 000 Hektar – ein Gebiet etwa sechzig Mal so groß wie der Große Tiergarten in Berlin. In Kalifornien werden heute so viele Granatäpfel produziert, dass diese sogar nach Kanada, Korea, Taiwan, Australien, Japan, Mexiko und Russland exportiert werden.

Die Sorte »Wonderful« wird besonders häufig angebaut, nicht nur in Kalifornien, wo sie am Ende des 19. Jahrhunderts aus Florida eingeführt wurde, sondern auch in Westeuropa, Israel und Chile – nach Aussagen von Fachleuten gibt es aber zwischen den Bäumen, auch wenn sie denselben Namen tragen, durchaus Unterschiede. Was ist nun so wunderbar an »Wonderful«? Die Frucht gilt als besonders ergiebig in puncto Saft. Sowohl Schale als auch Saft sind stark rot gefärbt und sie wird wegen ihres intensiven süßsauren Geschmacks geschätzt. Manche sehen sie, was die Durstlöscher-Qualitäten angeht, auf einer Ebene mit Grapefruit und Cranberry.

Welche Sorten in welchem Land oder in welcher Region besonders beliebt sind, hängt auch mit den jeweiligen Vorlieben und Geschmacksstrukturen zusammen. In Indien sowie im Nahen Osten erfreuen sich süße Früchte mit sehr weichen Samen großer Beliebtheit, im Westen dagegen solche, die Süße mit Säure verbinden.

Glaubt man den Statistiken, findet die Hälfte der Granatapfelweltproduktion heute in Indien statt. Im Granatapfelforschungszentrum in Solapur im Bundesstaat Maharashtra beschäftigt sich seit 2005 eine ganze Batterie von Wissenschaftlern mit den unterschiedlichen Aspekten des Anbaus und der Produktion.

Auch in Afghanistan hat der Anbau von Granatäpfeln eine lange Tradition. Jahrhundertelang wurden Früchte aus der Wüstenregion Kandahar von Afghanen auf den Märkten von Delhi angeboten. Später ließen sich britische Gouverneure die Frucht nach Indien liefern. Seit etwa zehn Jahren lässt sich eine Renaissance der Granatapfelproduktion beobachten. Das ist ein hoffnungsvolles Zeichen für dieses vom Krieg gezeichnete Land. Denn der Granatapfel birgt dort das Potenzial, ein lange auf dem Anbau von Mohn für die Opiumproduktion beruhendes Wirtschaftssystem in seine Schranken zu weisen.

Solange der Granatapfel die Menschen begleitet – als Nutzpflanze kam und kommt ihm weltweit gesehen bis heute nur eine marginale Rolle zu. Und so groß die Unterschiede zwischen wilden und kultivierten Granatäpfeln sind, scheinen sie jedoch im Vergleich kleiner als bei vielen anderen, intensiver angebauten Nutzpflanzen. Die Züchtungsbemühungen waren im Vergleich nicht so umfassend, die Pflanze unterlag nicht so einem starken Selektionsdruck wie bei anderen Arten, von denen das Überleben von Menschen stärker abhing. Für Botaniker ist der Unterschied zwischen wilden und kultivierten Formen nicht von Bedeutung. Die genetische Vielfalt ist erhalten geblieben, von einem »genetischen Flaschenhals« kann beim Granatapfel erfreulicherweise nicht gesprochen werden. Man denke im Unterschied dazu zum Beispiel an das extreme Beispiel Mais, der sich durch Züchtungsbemühungen über Jahrtausende von einer sehr viel kleineren Pflanze zu dem entwickelt hat, was wir heute damit verbinden. Die vielfältigen Züchtungsanstrengungen in der Gegenwart legen allerdings nahe, dass die Gefahr einer genetischen Verarmung des Granatapfels nicht ausgeschlossen werden kann.

// MYTHOLOGIE //

In den Weltreligionen hat der Granatapfel symbolische Zuschreibungen erhalten, in Sagen und Heldengeschichten Eingang gefunden. Die reichen Assoziationen der Frucht ziehen sich wie ein roter Faden durch die Kulturen des Altertums. Zugleich erlauben die Spuren Rückschlüsse darauf, wie sich die Verbreitung vollzogen hat. In Keilschrift verborgene Hinweise auf Granatäpfeln aus Mesopotamien lassen sich auf die zweite Hälfte des 3. Jahrtausends vor unserer Zeitrechnung datieren. Vielerorts gibt es Artefakte, die in der einen oder anderen Form Granatäpfel zeigen. Fruchtbarkeitsgöttinnen werden mit der Frucht in Verbindung gebracht. Zuweilen schleichen sich Zweifel ein, wenn die Proportionen nicht so ganz stimmen. So gibt es bei einigen in Stein gemeißelten Bildern in den ehemaligen assyrischen Städten Nimrud und Nineveh, die Früchte zeigen, unterschiedliche Auffassungen darüber, ob es sich um Mohnkapseln oder Granatäpfel handelt. Das gilt auch für ein Relief aus der späthethitischen Zeit (um 2500 v. Chr.), das die Göttin Kubaba zeigt.

Hat es die Hängenden Gärten von Babylon tatsächlich gegeben? Babylonische Inschriften erlauben keine zuverlässige Antwort, aber wenn an all den Anspielungen in der antiken Literatur etwas dran ist, dürften sie auch mit Granatapfelbäumen bestückt gewesen sein. Belegt ist ihr Vorkommen für Nimrud (30 Kilometer von Mosul entfernt gelegen) durch Inschriften des Königs Aššur-nâṣir-apli II., der von 883 bis 859 v. Chr. regierte. Dieser beschreibt, wie er Gärten neben der Zitadelle und am Ufer des Tigris angelegt hat. Auf der Steinstele heißt es unter anderem: »Die Granatapfelbäume, mit Gruppen von Früchten bekleidet wie Wein, bereichern die Brisen in diesem Lustgarten.«

Ab der Mitte des 2. Jahrtausends v. Chr. erscheint der Granatapfel auf ägyptischen Wandmalereien. Der Naturkundler Georg Schweinfurth fand Überreste in Pflanzenresten der 12. Dynastie (1970-1800 v. Chr.) in der Nekropole Dra Abu el-Naga am westlichen Nilufer. Im Grab von Djehuti, einem Bediensteten der Königin Hatschepsut, gab es einen großen getrockneten Granaten (etwa 1470 v. Chr.). Wie Funde in den Grabkammern von Pharao Ramses IV. belegen, war es offenbar üblich, den Toten einen Granatapfel als Opfergabe und Wegzehrung in das Totenreich mitzugeben. Ein Papyrus, der ebenfalls aus dieser Zeit stammt, belegt die Verwendung des Granatapfels für therapeutische Zwecke: Die

Schale wurde gegen Darmparasiten verabreicht. Zuweilen wird die Frucht gemeinsam mit Feigen, geschlachtetem Geflügel und Fladenbrot dargestellt. Reliefs im »Botanischen Garten« von Thutmosis III. zeigen Bäume voller Früchte. Ein Kalksteinrelief im Grab des Wesirs Ramose zu Theben präsentiert eine Fruchtpyramide aus Granaten und Feigen mit einem Papyrusbüschel. Granatäpfel als Ornament gibt es vielerorts; sie werden dabei frei mit dem Laub anderer Pflanzen wie Wein und Akanthus kombiniert.

Ein spektakulärer byzantinischer Wandbehang aus dem 6. Jahrhundert, ebenfalls aus Ägypten, zeigt die als »Segensreiche« bezeichnete Göttin Hestia Polyolbos auf einem Thron sitzend und von sechs Putten umgeben, die ihr jeweils einen Granatapfel kredenzen. In ihrem Haar befindet sich ein goldener Reif, an den zwei Granaten geheftet sind.

In der persischen Mythologie gibt es verschiedene Hinweise auf diese Frucht. Über den legendären Helden Esfandiyar heißt es, er sei, indem er einen Granatapfel aß, unbesiegbar geworden.

Spätestens im 8. Jahrhundert v. Chr. war der Granatapfel in Griechenland bekannt, er kommt bei Homer in der *Odyssee* vor als Teil der paradiesischen Gärten des mythischen, Inseln bewohnenden Volkes der Phaiaken. Den Griechen war der Granatapfel heilig, er

war für sie mit der Hoffnung auf ein Weiterleben nach dem Tode verbunden. Er gehört zu den Dingen, die in der sogenannten Mystischen Kiste im Telesterion, dem Mysterien-Weihehaus zu Eleusis, dem Hauptort des Demeterkultes, verborgen waren und den Eingeweihten im Zuge der Mysterienfeier offenbart wurden. Überhaupt nehmen die Mythen um die Granate einen breiten Raum ein. Den Streit der drei griechischen Göttinnen Hera, Athene und Aphrodite über die Frage, wer die Schönste von ihnen sei, entschied Paris, indem er Aphrodite einen Granatapfel überreichte. Aphrodite, die Göttin der Schönheit und Liebe, soll danach auf Zypern eigenhändig einen Granatapfelbaum angepflanzt haben. Eine halbbekleidete Aphrodite trägt ein langes Zepter, das von einem Granat bekrönt wird. Den ersten Granatapfel soll Aphrodite aus dem Blut ihres schönen Liebhabers Adonis geschaffen haben, nachdem dieser den Fehler begangen hatte, ein Wildschwein zu jagen, das seinerseits die Verkörperung des Gottes Ares gewesen ist.

Es gibt zahlreiche Strukturen und Reliefs, die seine Verwendung als Lebens- und Fruchtbarkeitssymbol belegen. Mal ist der Granat Gottesattribut, mal Opfergabe für Lebende, mal Gabe an Verstorbene. Manchmal erscheint der Granat gleichberechtigt neben einem Ei, einer Blüte oder einem Hahn.

Der Mythos von Persephone ist eng mit dem Granatapfel verknüpft. Er zeigt, dass die Frucht einerseits Symbol des Lebens ist, andererseits aber auch eine

Verbindung mit dem Tod und dem danach vermuteten Leben hat. Die Tochter der Fruchtbarkeitsgöttin Demeter wurde eines Tages vom Totengott Hades (Pluto) in die Unterwelt verschleppt. Um die Befreiung ihrer Tochter zu bewirken, verhinderte Demeter, dass frühe Pflanzen Früchte tragen, und schuf damit den Winter – ein bis dahin unbekanntes Phänomen. Auf Befehl von Göttervater Zeus gab der Räuber das Mädchen zwar frei, aber er band Persephone für immer an sich, indem er ihr Granatapfelkerne zu essen gab. Bis auf sechs, so die Legende, hat sie alle ausgespuckt, und daher darf er sie wegen dieser Kerne nur sechs Monate im Jahr – die Wintermonate – bei sich in der Totenwelt behalten.

Der Granatapfel bewahrt sich stets eine Mehrdeutigkeit – einerseits mit dem Leben verbunden, verweist er auch auf die Kraft der Unterwelt, die den Menschen nach dem Leben trachtet. Die Frucht wurde in Ton, Bronze, Gold, Glas oder Elfenbein nachgebildet und als Grabbeigabe benutzt. Dabei wurde die Form des Granatapfels vielfach etwas abgewandelt, zuweilen mit Ornamenten ergänzt und findet sich dann als Ölfläschchen, Parfümbehälter, Salbgefäß, Glasvase oder goldener Anhänger wieder. Sein Name fand auch für Ortsnamen Verwendung. Side, eine antike Stadt an der türkischen Westküste, soll der Legende folgend nach

der Frucht benannt worden sein. Eine Fruchtbarkeitsgöttin soll dort sogar zum Granatapfelbaum erstarrt sein. Die seinerzeit verwendeten Münzen der Stadt trugen als Prägung einen Granatapfel.

Granaten erscheinen als Attribut von Götterbildern. Ein Beispiel ist Priapos, als Sohn des Dionysos und der Aphrodite Gott der Fruchtbarkeit und der Triebe, des Reichtums und der Liebe, der mit einem riesigen Glied versehen als grotesk wirkendes Holzbild in Gärten, Feldern und Weinbergen aufgestellt wurde – auch zum Schutz vor Dieben und Vögeln.

Diodoros Zonas von Sardis dichtete um 85 v. Chr. das folgende Epigramm:

Diese halboffne Granate und diesen frisch-
pflaumigen Pfirsich,
diese Feige dazu, runzlig und narbenge-
schmückt, / 31
auch eine purpurne Traube, vielbeerig, die
Quelle des Weines,
und eine Walnuß dabei, frei schon vom grünen
Gewand,
weihte der Wächter der Früchte dem bäurisch
schlichten, aus einem
Pflocke geschnitzten Priop hier als ein Opfer
vom Baum.

Über das griechische Unteritalien kam die Frucht nach Rom und in die Region Latium. Später erreichten süßere Sorten aus Nordafrika das Land, die zumindest nahelegen, dass der Granatapfel vermehrt zu einem beliebten Tafelobst wurde und nicht mehr nur als Augenweide kultischen oder dekorativen Zwecken diente – wie Stillleben von mit Früchten gefüllten Glasgefäßen illustrieren. Im alten Rom schmückten sich junge Frauen mit Kränzen aus Granatapfelzweigen und erhofften sich dadurch reichen Kindersegen. In Stein gemeißelte, stilisierte, girlandenartige Fruchtgehänge schmücken als immerwährende Opfergaben Tempelfriese, Weih- und Grabaltäre sowie Sarkophage. Wie eine Friesplatte zeigt, die vor der Engelsburg gefunden wurde, wies der Bau früher eine Girlande aus drei Reihen mit Früchten auf – Pinienköpfen, Mohnköpfen, vorwiegend jedoch mit aufgeplatzten Granaten.

Bei archäologischen Ausgrabungen in La Alcudia, im Süden Spaniens, wurden Reste eines verkohlten Granatapfels aus dem 1. Jahrhundert v. Chr. gefunden, ebenso Keramiken in der Form dieser Früchte.

Im *Hohelied* König Salomons werden Baum und Frucht mehrfach als Symbol der Liebe und der rote Saft als Nektar der Liebenden beschrieben: »Wir wollen am Morgen früh aufstehen gehen zu sehen, ob der Weinstock blühe, oder ob sich die Blüten auftun, ob die Granatapfelbäume blühen. Daselbst will ich Dir meine Liebe gönnen.« Der Erzähler an anderer Stelle: »Deine Lippen sind wie eine scharlachfarbene Schnur, und dein Mund ist lieblich. Deine Schläfen sind hinter deinem Schleier wie eine Scheibe vom Granatapfel.« Später lädt ihn die Frau ein: »Ich werde dir den Saft meiner Granatäpfel reichen.«

Neben Oliven, Datteln, Feigen, Trauben, Mandeln und Johannisbrot gehörten die Granatäpfel zu den sieben symbolischen Früchten der Bibel, von denen man meinte, dass sie besonderen Segen verheißen. Im Judentum heißt es, der Granatapfel enthalte 613 Samen, die der Anzahl der Gebote in der Thora entsprechen.

Moses sagte den Israeliten, die nach dem Auszug nach Ägypten und während ihrer Wanderung durch die Wüste mürrisch waren und nach Granatäpfeln und Weintrauben verlangten, dass sie diese im verheißenen Land Kanaan finden würden. Obwohl es sich um eine Legende handelt, mag man darin einen Hinweis auf das reiche Vorkommen von Granatbäumen in Ägypten erkennen.

Sein charakteristischer Blütenkelch soll die Krone von König Salomon und von da an die der europäischen Könige inspiriert haben. Den Israeliten galt er als Symbol des Glücks und des Segens. Die Priester mussten, wenn sie ins Heiligtum eintraten, ein Kleid anlegen, an dessen Saum Granatäpfel hingen. Und die Säulen im salomonischen Tempel trugen Verzierungen in Gestalt pyramidenförmig aufgeschichteter goldener Granatäpfel. Die Bezeichnung für den Granatapfel, die auch in der hebräischen Bibel vorkommt, ist »rimmon«. Er wurde vielerorts angebaut, was darin zum Ausdruck kam, dass einige Ortschaften nach ihm benannt wurden. Gath-Rimmon, der Name einer früheren Stadt im Westen Palästinas, bedeutet »Kelter der Granate«. Das weist darauf hin, dass die Früchte nicht nur gegessen, sondern auch ausgepresst und zu Most verarbeitet wurden.

»Und das Weib sah, daß von dem Baum gut zu essen wäre und daß er eine Lust für die Augen wäre und verlockend, weil er klug machte. Und sie nahm von der Frucht und aß und gab ihrem Mann, der bei ihr war, auch davon, und er aß.« (1. Moses/Genesis 3,6)

Aber welche Frucht war es, die im Paradiesgarten wuchs? War »Punica granatum« womöglich der »Apfel«, der an der ersten Verführung der Menschheit beteiligt war und dessen Verzehr zur Vertreibung von Adam und Eva aus dem Garten Eden geführt hat? Zunächst ist es wohl notwendig, mit einem anderen, dieser Frage quasi vorgelagerten Irrglauben aufzuräumen. Es mag ernüchternd sein, aber von einem »Apfel« ist genau genommen in der gesamten Schöpfungsgeschichte nirgendwo die Rede, immer nur von einer Frucht. Ein Apfelbaum braucht eine Ruhezeit mit mindestens kühlem Wetter, um Früchte hervorbringen zu können – er ist also schon von vornherein für den warmen »Garten Eden« ausgeschlossen. Die Ursache dafür, dass sich die Legende vom »Apfel« überhaupt halten konnte, dürfte in einem Fehler der frühen Übersetzungen des lateinischen Vulgatatextes begründet liegen, »malus« mit »malum«, also das Böse mit dem Apfel verwechselt zu haben (»malus« lateinisch für »schlecht«). Der Satz »Lignumque scientiae boni et mali« heißt nun einmal »Der Baum der Erkenntnis des Guten und Bösen« – von einem Apfel steht da wohlgemerkt nichts. Zu den ersten Bibelillustrationen mit einem Apfel in Evas Hand war es dann nur noch ein kleiner Schritt. Und das Missverständnis wurde seit etwa dem 5. Jahrhundert n. Chr. immer weiter fortgeschrieben, über Jahrhunderte hinweg und bis in die heutige Zeit. Eins folgte auf das andere. Das Wort »Frucht« wurde mit »pomum« übersetzt, was als Oberbegriff für alle Früchte galt, aber durch die zahlreichen Abbildungen überlagerte die Assoziation mit dem Apfel alles andere. Bekannterweise bedeutet »pomme« im Französischen bis heute »Apfel«. Christian Wagner weist darauf hin, dass selbst Martin Luther nicht ganz unschuldig an der Verwirrung ist, hat er doch das hebräische Wort »dudaim« bei seiner Übertragung (zu) frei mit »Liebesapfel«, ein anderes Mal mit »Lilien« übersetzt, obwohl es sich um die gelbe und einen intensiven Geruch entfaltende, dazu giftige Frucht der Alraune handelt.

Um welche »Frucht« handelte es sich nun? Um eine Aprikose, die von den Griechen als »goldener Apfel« bezeichnet wurde? Um eine Feige oder eine Dattel? Wir werden uns damit abfinden müssen, dass aus der Bibel nicht hervorgeht, welcher Art die verbotene Frucht tatsächlich war. Dass die biblische Erzählung vom Sündenfall die Fantasie der Menschen über Jahrtausende anregte, war davon sowieso unabhängig.

Das erinnert an das Rätsel, das die legendären Äp-

fel der Hesperiden umgibt. Zeigen neuere Gemälde eindeutig Äpfel, wurde das hesperische Obst in Griechenland bis zum Ende des 4. Jahrhunderts v. Chr. mit Quitten gleichgesetzt, die dort besser gediehen als die damals verfügbaren Apfel- und Birnensorten. Doch dann gab es neue Früchte auf dem Athener Markt: Zitronatzitronen, die fortan als »goldene Äpfel« galten.

Die Mutmaßungen über den Paradiesapfel erinnern auch an die Diskussion über den wahren Charakter des mystischen Lebensbaumes, der in den Mythen der alten Kulturen Mesopotamiens, der Levante und Indiens eine Rolle gespielt hat. Wissenschaftler waren sich lange uneinig, ob es ein Granatapfelbaum oder eine Dattelpalme gewesen ist. Eine jüngere botanische Untersuchung unter Berücksichtigung der verfügbaren Darstellungen hat dann aber ergeben, dass es sich bei dem Baum der Schöpfung oder Unsterblichkeit aller Wahrscheinlichkeit nach um einen Johannisbrotbaum gehandelt hat.

Auf Tafelbildern des späten Mittelalters werden Maria und das Jesuskind manchmal mit einem Granatapfel dargestellt, wie zum Beispiel bei Sandro Botticellis *Madonna mit dem Granatapfel* aus dem Jahr 1487 (siehe Seite 36), auf dem Bild von Hans Holbein dem Älteren, *Maria, dem Kind einen Granatapfel reichend* (ca. 1510), sowie vergleichbar bei Raffael und Lorenzo di Credi. In der christlichen Symbolik steht der Granatapfel für die Gemeinschaft der Gläubigen in der Kirche Ecclesia, für die Fruchtbarkeit Marias und die Liebe und Hingabe Jesu. Manchmal werden die aus dem Fruchtkörper gleichsam hervorspringenden Kerne auch als Gleichnis für den aus dem Grab wiederauferstehenden Jesus interpretiert.

In Hieronymus Boschs *Garten der Lüste* (ca. 1503-1515) gibt es neben einigen Erdbeeren und Kirschen mit

Menschen gefüllte Früchte, die sich als überdimensionierte, bootsartige Verkörperungen des Granatapfels deuten lassen. Und Albrecht Dürer zeigt Kaiser Maximilian mit einem Granatapfel als Reichsapfel in der Hand; er ist angeschnitten, womit sich die Frucht klar identifizieren lässt.

Eine mit vielen pflanzlichen Details verzierte niederländische Tapisserie aus dem späten 15. Jahrhundert (siehe Seite 27), die im New Yorker Museum The Cloisters zu sehen ist, zeigt ein Einhorn, das in einem Gehege steht und an einen Granatapfelbaum mit einigen zum Teil aufgesprungenen Früchten angekettet ist. Hat das Tier einige kleine Wunden, aus denen Blut tropft, oder sind es Safttropfen aus den Früchten, die den hellen Körper benetzen? Womöglich hat der anonyme Künstler bewusst mit dieser Ambivalenz gespielt. Leidend wirkt das Einhorn auf jeden Fall nicht. Man meint, es würde sich in diesem Blumenparadies sogar recht wohl fühlen. Das Tier fungiert hier als Zeichen für die Jungfrau Maria, Fruchtbarkeit und den Verlust der Unschuld.

Der heilige João Ciudad Duarte (auch als »Johannes von Gott« bekannt) hat 1539 in Granada ein Hospital und eine Bruderschaft zur Pflege mittelloser Bedürftiger eingerichtet und dafür den Granatapfel als Ordenssymbol ausgewählt. Der sich durch Spenden finanzierende Orden der Barmherzigen Brüder, der als Symbol einen stilisierten Granatapfel mit einem Kreuz verbindet, das gewissermaßen aus dem Kelchblatt herauszuwachsen scheint, breitete sich rasch in den katholischen Ländern aus. Die Krankenhäuser, die um 1615 in Wien und Graz gegründet wurden, bestehen bis heute. Ihnen angeschlossen sind Apotheken mit dem Namen »Zum Granatapfel«.

Ein Gemälde, das Hans Bock der Ältere 1584 von dem damals sehr bekannten Basler Arzt, Naturwissenschaftler, Naturaliensammler und Humanisten Felix Platter angefertigt hat, der unter anderem auf der Suche nach einem Gegenmittel für die Pest war, zeigt nicht nur einen kleinen Zitronenbaum, sondern neben einer Zitrone und einem Blütenzweig auf einem Tisch liegend auch einen aufgeschnittenen Granatapfel. Einerseits unterstreichen die edlen Früchte den Rang des Mannes, aber man kann sicher davon ausgehen, dass sie bewusst ausgesucht waren und in Zusammenhang mit seinen Forschungen standen. Platters Herbarium war so bekannt, dass Michel de Montaigne 1580 auf dem Weg nach Italien Station bei diesem Forscher eingelegt hat.

Nicht immer ist die Frucht so klar zu identifizieren wie in diesem Fall. Sie kann schon einmal mit einer sogenannten Handwärmekugel verwechselt werden;

einem hohlen, luxuriösen, meist aus Messing gefertigten Objekt, das aufschraubbar und mit glimmender Holzkohle oder einem zum Glühen gebrachten Metallbolzen gefüllt wurde.

Neben Kochbüchern kann man auch in Stillleben

einen Gradmesser für die Beliebtheit des Granatapfels erkennen. Auf jeden Fall kommen Granatäpfel in diesen Frucht-Gruppierungen beinahe immer nur am Rande vor, als exotischer Farbtupfer gewissermaßen. Ein von Alexandre Dumas zitierter gewisser M. Cohier de Lompier schrieb wie folgt: »Es gibt keine schönen Dessert-Fruchtkörbe ohne Granatäpfel; ebenso wie es keine ohne Orangen gibt. Ein geöffneter Granatapfel sieht aus wie ein reicher Schatz Rubine oder funkelnder Granaten und ist eine der schönsten Juwelen unserer majestätischen Fruchtkörbe. Nichts kommt an die Wirkung von ein paar halbgeöffneten Granatäpfeln am Rande einer Fruchtpyramide heran.«

Wenn man sich den Fruchtkorb auf Caravaggios Gemälde (ca. 1593) etwas genauer anschaut (siehe Seite 40), entdeckt man neben den üblichen Verdächtigen auch die Kerne eines Granatapfels. Wenige Jahrzehnte später verglich der englische Dichter Andrew Marvell ihn mit Juwelen: »And does in the pom'granates close / Jewels more rich than Ormus shows« – wobei er allgemeiner auf den ornamentalen Reichtum der persischen Kultur angespielt haben dürfte, zumal die dem Land vorgelagerte kahle Felseninsel im Golf botanisch nicht gerade viel zu bieten hat.

Der Granatapfel findet sich dann später auch bei den Präraffaeliten wieder. Dante Gabriel Rossetti bannte Jane Morris (die Ehefrau von William Morris) mit ihrem tizianroten Haar als römische Gottheit Proserpina auf die Leinwand – den Granatapfel hält sie bedeutungsschwer in ihrer Hand, als handele es sich um ein mysteriöses Kultobjekt. Nur eine Randerscheinung, die man bei genauem Hinschauen erkennt, ist die Frucht auf dem Gemälde *Il Barbagianni* von Valentine Cameron Prinsep, das eine Frau mit einer Eule zeigt.

// IN DER LITERATUR //

Hier und da taucht der Granatapfel in der Literatur auf. Die Lerche, die Shakespeares Julia nur zu gern für eine Nachtigall gehalten hätte, saß im Geäst eines Granatapfelbaums. Oscar Wilde nannte eine Sammlung von Erzählungen *Das Granatapfelhaus*, und Edith Wharton schrieb einen Kriminalroman, der auf die verhängnisvollen Granatapfelkerne der Proserpina anspielt, der römischen Variante zu Persephone. Es heißt, die Frucht habe als Vorbild für das berühmte Zwiebelmuster der Meißner Porzellanmanufaktur gedient. Allerdings auf dem Umweg über orientalische Vorbilder, nach denen es 1728 entstanden ist.

In der neueren Literaturgeschichte muss man ein wenig nach dem Granatapfel suchen. Die Farben der

Sehnsucht sind bei Johann Wolfgang Goethe das Gelb der Zitronen und das Gold der Orangen – diese Früchte versinnbildlichen ihm Italien als irdisches Paradies –, aber eben nicht das Rot des Granatapfels. Er erwähnt ihn allerdings in *Proserpina*.

In Emanuel Geibels *Erinnerungen aus Griechenland* fungieren die Früchte als Symbol der Wiederkehr:

Granaten bringt und Reben
Versöhnend jedes Jahr,
Und süß ist heut das Leben,
So wie's den Alten war.

Ausführlichere Assoziationen zum Granatapfel findet man bei Rainer Maria Rilke. In einem auf den 1. Oktober 1907 datierten Brief schrieb er seiner Frau Clara aus Paris:

Was Du mit der portugiesischen Traube
erfühlt hast, das kenn ich so gut; ich erlebe
es gleichzeitig an zwei Granatäpfeln, die ich
neulich bei Potin erstanden habe: was sind sie
herrlich in ihrer massiven Schwere, oben noch
mit dem umgebogenen Ornament des Blüten-
stempels; fürstlich in ihrer goldnen Schale,
durch die rote Untermalung durchschlägt,

> *stark und echt, wie auf dem Leder aller Korduantapeten. Ich habe noch nicht versucht, sie zu öffnen; sie sind auch wahrscheinlich nicht reif, denn sonst springen sie ja, glaub ich, leicht von selbst auf über der eigenen Füll und haben purpurgefütterte Schlitze, wie Edelleute in großer Tracht. – Angesichts ihrer stiege auch mir Wunsch und Vorgefühl von Fremdheit und Südlichkeit herauf und der Reiz der großen Reisen.*

Und an anderer Stelle übersetzt er den Dichter Paul Valéry:

> *Halboffne Granaten, beengte,*
> *die fast schon die Körner verlieren,*
> *ihr seid mir wie Stirnen, von ihren*
> *Gedanken gewaltig gesprengte!*

Der Schweizer Reiseschriftsteller Nicolas Bouvier erwähnt die Frucht in seinem legendären Bericht *Die Erfahrung der Welt*; im Westen des Iran hat er sie im November in der Nähe von Täbris erspäht: »Klaffende Granatäpfel bluten unter der dünnen Decke von reinem Schnee.«

Der in Kabul geborene und heute in Amerika lebende Schriftsteller Khaled Hosseini vermittelt in seinem Roman *Drachenläufer* eine lebendige Idee davon, welche Rolle ein Granatapfelbaum im Leben zweier Freunde haben kann, die aus unterschiedlichen gesellschaftlichen Klassen stammen. Der Sunnit Amir und der Schiit Hassan verbringen einen großen Teil ihrer Zeit im Schatten eines Granatapfelbaums. Zum Beleg ihrer Freundschaft ritzen sie ihre Namen in den Stamm des Baumes. Nach einem schrecklichen Vorfall – Hassan wird vergewaltigt – ist jedoch nichts mehr wie zuvor. Jahre später, die Freundschaft ist längst zerbrochen, trägt der Baum keine Früchte mehr.

Mit den Fruchtbarkeitsriten antiker Zeiten, die teilweise an die Korngöttin Demeter erinnern, sind einige der Bräuche verbunden, die sich in Griechenland bis in die jüngere Vergangenheit erhalten haben. Friedrich Muthmann schreibt in seinem umfangreichen Buch über den Granatapfel in der Kunstgeschichte:

> *So will in Epidauros der Bauer eine gute Ernte erwirken, indem er auf der Pflugschar einen Granatapfel zerschlägt, einige seiner Kerne in das Saatgut mischt und dieses mit dem Ausruf »Gutes Gedeihen!« ausstreut. Anderswo werden die Granatäpfel nach dem Zerschlagen auf der Pflugschar mit Nußzuckerwerk und Nüs-*

sen verzehrt. Auf der Insel Kos behängen die Familien zum Jahresbeginn, der immer noch am 1. September gefeiert wird, ihre Ikonostasis mit Kränzen aus Granaten, Trauben, Quitten, Knoblauch und Laub, das sie von der alten, in der Stadtmitte stehenden »Hippokrates-Platane« nehmen. Auf Karpathos besprengen die Frauen am frühen Morgen des gleichen Tages die Hausflure mit frischem Wasser und hängen Zweige vom süßen Basilikum und von anderen Blumen sowie Granatapfelkränze an die Tragpfeiler des Hauses, wo sie das ganze Jahr bleiben. Einer der Granatäpfel wird über der Schwelle aufgebrochen, so daß die Kerne sich über das ganze Haus verstreuen wie bei dem Brauch, den die Jungvermählte am Hochzeitstag beim Betreten ihres neuen Heims zu erfüllen hat.

Auch in der Türkei hat der Granatapfel bis heute viele Bedeutungen – als Talisman sowie als Symbol für Glück, Unsterblichkeit und Reichtum. Wie in anderen Ländern in dieser Region üblich, wird die Frucht manchmal bei Hochzeiten auf den Boden geworfen. Der aufgeplatzte Granatapfel soll reichen Kindersegen garantieren. Und in kaum einem Land der Erde hat er

so offensichtliche kulturelle Spuren hinterlassen wie in Armenien. Auch dort ist er Symbol der Fruchtbarkeit und man meint, dass er dazu geeignet sei, vor dem

»bösen Blick« zu schützen. Granatapfelkerne wurden in Brot eingebacken, dessen Genuss männliche Nachkommenschaft ermöglichen sollte. Noch unverheiratete Gäste bei Hochzeiten bekommen von der Braut »tarosik« genannte kleine getrocknete Granatäpfel geschenkt, die ihnen Glück bringen sollen. Man findet ihn in Stein gemeißelt an den Fassaden vieler öffentlicher Gebäude, Kirchen und Klöster. Neben dem Berg Ararat gilt die Frucht als wichtigste Metapher für das Schicksal des Landes und die Seele seines Volkes; sie beschwört die Vielfalt in der Einheit. Und man erzählt sich in Armenien: »Drei Granatäpfel fielen vom Himmel: einer für den Geschichtenerzähler, einer für den Zuhörer und einer für die ganze Welt.«

Granatäpfel haben so eine starke symbolische Kraft, dass sie die Armenier selbst im Exil nicht loslassen, sie vermögen den Schmerz über den Verlust der geliebten Heimat zu lindern. Sie verkörpern die unbesiegbare Seele des Landes. William Saroyan (1908-1981), amerikanischer Schriftsteller armenischer Herkunft, der seine Kindheit unter kalifornischen Obstbauern verbrachte, lässt in einer seiner Aram-Kurzgeschichten, »The Pomegranate Trees«, seinen Onkel Melik ein 2,75 Quadratkilometer großes, wüstengleiches, als unfruchtbar geltendes Areal am Fuß der Sierra Nevada kaufen, um dort Granatapfelbäume anzupflanzen. Es gelingt ihm zwar, die Bäumchen gedeihen zu lassen, er kann die Früchte aber nicht verkaufen, weil der Großhändler aus Chicago sie schlicht nicht kennt: Er lässt die elf Kästen zurückschicken. Allerdings scheint es dem Onkel, der im Herzen Dichter und kein Obstbauer war, nicht einmal wirklich um den Verkauf gegangen zu sein, entscheidend war die Schönheit der Pflanze, an der er sich erfreuen wollte. Er wollte das Gefühl heraufbeschwören, wie es wäre, zuhause zu sein. Die traurige Schlussnote der Erzählung ist, dass Melik gezwungen ist, das Land wieder zu verkaufen. Bald standen dort wieder Kakteen und einheimische Wüstensträucher.

Der Regisseur Sergei Paradschanow (1924-1990), der seine Filmszenen wie eine Reihung persischer Miniaturen verstanden wissen wollte, lässt in *The Color of Pomegranates* (1969) Granatäpfel so ausbluten, dass sie einen Fleck bilden, der die Umrisse des Königreiches Armenien zeigt. In einer Szene knabbern vierzehn Geistliche jeweils an einer Frucht herum. Paradschanow verstand sich als Brückenbauer zwischen den kaukasischen Völkern und widmete drei Filme jeweils einem Land: Armenien, Georgien und Aserbaidschan. In jedem dieser Filme brachte er die Früchte mit Feiern oder bestimmten Ritualen in Verbindung. Noch am deutlichsten von symbolhafter Bedeutung erscheint er im Verlobungszeremoniell *Ashik Kerib* (1988), dem

Aserbaidschan zugedachten Film. Es findet in einem Obstgarten statt: Die Frau offeriert dem Mann eine Frucht, und am Ende des Films besiegeln Granatäpfel den Heiratspakt. In *The Legend of the Suram Fortress* (1984) dienen Schalen mit Granatäpfeln als Opfergaben. Paradschanow wurde mit Gefängnis und einem fünfzehnjährigen Arbeitsverbot bestraft – die kryptischen Bedeutungen des Films waren den sowjetischen Machthabern ein Dorn im Auge.

In Japan wird der Granatapfel *zakuro* genannt und der Baum gerne in Gärten angepflanzt. Man erzählt sich dort eine buddhistische Legende über eine furchterregende Frau, die Kinder raubte, um sie zu essen oder an ihre fünfhundert eigenen Kinder zu verfüttern. Buddha sagte ihr, dass sie das nicht tun solle und stattdessen auf Granatäpfel als Ersatz zurückgreifen möge, woraufhin die Frau ihre Taten bereute und sich in eine Gottheit verwandelte. Sie heißt auf Japanisch *Karitei* und, nachdem sie sich zur Beschützerin der Kinder gewandelt hatte, *Kishi Bojin*. Man findet die Geschichte auch in Indien, im Sanskrit nennt man diese Frau *Hariti*. Auf Darstellungen trägt sie in der rechten Hand einen Granatapfel und auf dem linken Arm ein kleines Kind.

Von Vorderasien nach China soll der Granatapfel im 2. Jahrhundert v. Chr. gekommen sein, zur Zeit der

Han-Dynastie. Für die dortigen Anhänger des Buddhismus zählt er zu den drei gesegneten Früchten, neben dem Pfirsich und der bizarr geformten Fingerzitrone. Zuweilen wurden Zweige des Baumes verwendet, um bei religiösen Zeremonien Wasser zu verspritzen. Die Kerne symbolisieren männliche Nachkommen: hundert Kerne, hundert Söhne. Doch nicht nur das. Neben der Orchidee, der Schwertlilie und dem wilden Apfel gehört er zu den sogenannten »Blüten der vier Jahreszeiten«. Und bis heute gilt dort das Bild eines halbgeöffneten Granatapfels als beliebtes Hochzeitsgeschenk.

// BOTANISCHE ANNÄHERUNG //

Zitrusfrüchte waren immer häufiger auch in Mittel- und Nordeuropa präsent; Händler brachten sie vom Gardasee über die Alpen, und sie spielten im sogenannten Venedigerhandel mit levantinischen Waren eine Rolle. Ob die »Limonihändler«, wie sie genannt wurden, zuweilen auch mal ein paar Granatäpfel in ihren Körben mit sich führten?

Zitronenbäume sind in vielerlei Hinsicht anspruchsvolle Pflanzen. Und zwar mehr noch als Granatapfelbäume, denn sie vertragen weder Wind und Kälte, noch Dürre. Sie sind sogar noch kälteempfindlicher als

Orangenbäume. Zitrusfrüchte allgemein haben allerdings im Vergleich zum Granatapfel den großen Vorteil, dass sie nicht nur leichter zu verarbeiten sind, sondern auch die Geruchsnerven ansprechen: Sie duften, sind aromatisch, und für ihre ätherischen Öle gibt es eine Vielzahl von Verwendungen. Nicht zuletzt wurde ihnen auch eine desinfizierende Wirkung zugeschrieben. Die Scheiben der Früchte werden direkt beim Zubereiten der Speisen verwendet, man legte sie auch ein oder karamelisierte sie. Unter herkömmlichen Bedingungen ist der Granatapfel dennoch den Winter über etwas besser verfügbar bzw. haltbarer als die Zitrone, was neben der dekorativen Verwendung einen weiteren Grund dafür lieferte, ihn zu kultivieren.

»Malum punicum« – punischer Apfel – »Punica granatum« – kernreicher Apfel. Die Verwirrung darüber, dass es sich beim Granatapfel um »malum«, einen »Apfel« handelt, mit dem er allenfalls die Größe gemein hat, reicht bis zu den Römern zurück. Sie entdeckten die Frucht in Nordafrika, vermuteten dort irrtümlicherweise ihre Herkunft und benannten sie als »Malum punicum«. Selbst Orangen und Pfirsiche zählten sie zu den »Äpfeln«. Der Begriff »punicum« leitet sich von »Punien« ab, dem Land der semitischen Phönizier.

Der lateinische Artbeiname »granatum« bedeutet »kernig« oder »kernreich«. In Italien spricht man vom

»melagrana«. Auf Spanisch heißt der Granatapfel »Granada« und ist auch das Symbol dieser Stadt, dessen Wappen er seit 1482 ziert. Allerdings könnte es auch sein, dass sich der Name von »granado«, dem romanischen Ausdruck für »rot«, ableitet. Auf Französisch nennt man den Granatapfel »grenade«. Im Englischen »pomegranate« – nach Mittelfranzösisch »pomme garnete«. Dass das mit Schießpulver gefüllte, todbringende Geschoss »Handgranate« seinen Namen von der Frucht bezog, dürfte einerseits mit der ähnlichen Form zu tun haben, andererseits damit, dass gereifte Granatäpfel wie ein Geschoss aufplatzen und in viele kleine Körner »detonieren«, wodurch die Kerne in der Umgebung verteilt werden. Und eine Granatmineralstufe hat tatsächlich eine gewisse Ähnlichkeit mit der geöffneten Granatapfelfrucht. Carl von Linné schließlich gab der Pflanze den botanischen Namen, der bis heute in Gebrauch ist: »Punica granatum«.

Theophrastus von Eresos hat sich in seiner *Naturgeschichte der Gewächse* schon um 350 v. Chr. ausführlich mit dem Aufbau der Früchte beschäftigt. Er hebt die Besonderheiten des Granatapfels im Vergleich zu den anderen damals bekannten Obstsorten hervor. Granatäpfel sitzen nicht nur »häufig beieinander«, sie sind auch »von gemeinschaftlicher Hülle umgeben«. Und »wenn man jeden Samen und seine Hülle einzeln betrachtet, so haben sie ihren eigenen Ursprung aus der Anheftung, wie die Kerne der Weinbeere und der Granate, auch der Weizen und die Gerste.« Den Saft findet er sauer. Seine Charakterisierung der Blüten: »Die Blumen aller sind entweder einfarbig oder zweifarbig: einfarbig und weißblühend sind viele Bäume. Fast einzig ist die Granatblüte schönrot, doch fällt auch die Mandelblüte etwas ins Rötliche.« Zudem ist der Granatapfel ein Beispiel dafür, wie Theophrastus schreibt, »wo die Blume oben auf der Frucht sitzt«. Er beobachtete auch, dass es »einige Arten Wein und Granaten (gibt), welche unfähig sind, vollkommene Früchte zu tragen, sondern die ganze Erzeugung

(Vegetation) geht nur bis zur Blüte. Auch die Granatblüte kommt gefüllt vor, so daß sich der ganze Blüten (Wulst) ausbreitet, wie bei den Rosen, wo denn der obere Teil rissig wird: unterwärts ist denn noch ein / 55
anderer, kleinerer, auswendig angewachsener fleischiger Kelch.«

Es gibt zweigeschlechtliche Blüten, die eine Vasenform ausbilden, und männliche Blüten, die eine Glockenform zeigen, sowie eine Zwischenform. Die hermaphroditischen Blüten können sich sowohl selbst befruchten als auch durch Bienen oder Vögel. Sorten mit einem höheren Anteil zweigeschlechtlicher Blüten bringen entsprechend mehr Früchte hervor. Die Blüten entwickeln sich an den Zweigen mit fünf bis acht Kelch- und Kronblättern, sie treten einzeln, paarweise oder auch gehäuft auf. Auf die gelben Staubblätter folgen die in zwei, manchmal sogar in drei Wirteln zu je drei bis neun stehenden Fruchtblätter. Aus dem Fruchtknoten entwickelt sich eine Beere mit ledriger Fruchtwand, deren Plazenten fleischig werden. Die Blätter sind zunächst oft von rötlicher Färbung, entwickeln dann aber ihr charakteristisches Lackgrün.

Botaniker legen für die Bezeichnungen von Früchten strenge Maßstäbe an, denn sie müssen innerhalb eines gedachten Gesamtsystems logisch sein, auch wenn das dann nicht immer mit dem üblichen Sprachgebrauch übereinstimmt. Der Granatapfel ist eine ungewöhnliche Frucht, deren Einteilung wohl schon so manchem Botaniker Kopfzerbrechen bereitet hat. Das ist auch die Vermutung, die sich bei mir während meiner interessierten Reise durch die Fachliteratur einstellte. Er ist eine »Panzerbeere«, zu denen auch die Kürbisse, Gurken und Kakaofrüchte gerechnet werden. Bei ihr sitzen die Samen an der Innenseite der Fruchtwand (Perikarp) und nicht, wie bei den Zitrusfrüchten, im Zentrum. Ein schwammartiges, weißes Gewebe umhüllt die Kerne. Andere sprechen von einer »Scheinbeere« oder vom »Grenzfall einer Beere«. Die Tatsache, dass die Fruchtwand mit der Reife eintrocknet, lässt manche Botaniker den Begriff der »Trockenbeere« vorziehen. Als »normale« Beeren gelten dagegen Heidel-, Stachel-, Johannisbeeren, Weintrauben, Avocados, Tomaten, Auberginen und Kiwis.

Damit sind noch nicht alle Möglichkeiten der Umschreibung ausgeschöpft. »Einerseits ähnelt die Frucht mit ihrer ledrigen Schale einer Zitrusfrucht. Andererseits, mit dem verbleibenden Blütenkelch an der Spitze, gleicht der Granatapfel in der Tat einem Apfel«, so Wolfgang Stuppy, Kurator am Botanischen Garten der Ruhr-Universität Bochum. So vertrackt die Zuordnung des Granatapfels auch ist – er ist in seiner Form unverwechselbar.

Was beim Granatapfel zum Naschen verführt, sind die je nach Art mal weiß, mal rot gefärbten saftigen Kerne. Im Inneren einer Frucht entstehen mehrere durch Häutchen unterteilte, schwammartige Fruchthöhlen oder Kammern, die unsymmetrisch angeordnet sind. Der untere Teil der Frucht hat üblicherweise zwei bis drei Kammern, der obere sechs bis neun. Sie sind prall mit erbsengroßen, fleischig-saftigen Kernen gefüllt, die durch den Druck der benachbarten Kerne seitlich abgeflacht sind und dadurch Vielecke ergeben. In ihnen befindet sich dann der kleine, helle, beim Zubeißen wegen der darin enthaltenen fetten Öle oft etwas bitter schmeckende Samen. Die Zahl der Kerne hängt von der befruchteten Samenanlage ab, die damit auch die Größe steuert, welche die Frucht letztlich haben wird. Samenlose Granatäpfel gibt es genau genommen nicht, die Sorten, die diese Bezeichnung tragen, weisen einfach sehr weiche Samen auf.

Der amerikanische Computerwissenschaftler Alexander Haubold hat sich einmal die Mühe gemacht, die Kerne zu zählen, und damit die immer wieder durch die Welt geisternde Vorstellung widerlegt, dass jede Frucht dieselbe Zahl aufweist. Die Zahl, die häufiger zu finden ist, ist 613 – »zufällig« die Zahl der Gesetze im Alten Testament, der *mitsvot*, der biblischen Gebote (die, genau genommen, 365 Verbote und 248 Gebote umfassen). Indem Haubold sich 206 Früchte aus verschiedenen Ländern vorgenommen hat – USA, Iran, Spanien, Türkei, Brasilien –, konnte er erstaunliche Variationen feststellen. So sind iranische Früchte zum Beispiel meistens relativ klein und mit 354 Gramm leicht (die schwerste, aus der Türkei, brachte 603 Gramm auf die Waage), weisen dabei aber besonders große Samen auf – ihre Zahl bewegte sich dennoch im großen Spektrum von 165 bis 1263. Amerikanische Früchte hatten in seiner Auswahl mindestens 286 und maximal 1370 Samen (zugleich der maximale Wert weltweit). Er hat auch in einem Logarithmus berechnet, dass die Anzahl der Kerne bei wachsender Größe und Gewicht nur gering ansteigt, was auch damit zusammenhängt, dass die Schale einer großen Frucht deutlich dicker ist. Haubold hat seine Untersuchungen fortgesetzt und erstaunlicherweise einen weltweiten Durchschnittswert von 613 Samen berechnet.

Der griechische Arzt und Naturforscher Galen verglich die Granatäpfel mit anderen Früchten seiner Zeit: »Sie enthalten mehr Saft als die Äpfel und Birnen, sind noch dazu angenehmer im Geschmack als deren Saft.« Die Samenmäntel schmecken fruchtig, manchmal süßer, manchmal saurer und zusammenziehend (adstringierend). Weißliche oder rosafarbene Samenmäntel sind süßer als rötliche oder dunkelrote, weil Letz-

tere einen höheren Anteil an organischen Säuren, vor allem Zitronensäure, haben. Diese Faktoren hängen von der Sorte ab.

Als ideal gilt vielen Genießern eine gute Balance von Süße und Säure. Neben Glukose und Fruktose kommen Sukrose, Maltose und Arabinose im Saft vor. Der Fruchtgeschmack erklärt sich darüber hinaus durch eine Mischung verschiedener flüchtiger Substanzen: ein Ester, drei Aldehyde, fünf Terpene, zwei Alkohole und ein Furan.

Welche differenzierten Geschmacksassoziationen Granatapfelsaft hervorrufen kann, hat eine Studie für das *Journal of Sensory Studies* ergeben. Um ihre Eindrücke zu umschreiben, nannten Teilnehmer unter anderem Rote Bete, Möhre, muffig/erdig, sauer, adstringierend, vergoren, metallisch, Sauerkirsche, andere Beeren, bitter, Brennen im Rachen, Cranberry, Kribbeln, Ätzen. Wie bei den Granatapfelverkostungen deutlich wird, die regelmäßig in Kalifornien veranstaltet werden, können Geschmacksempfindungen auf dieselbe Frucht bezogen individuell sehr verschieden sein.

In jedem Fall bietet der Saft ein eher kurzes Geschmackserlebnis, das nicht lange nachklingt. Beim Zermalmen des Samens zwischen den Zähnen kann man das Harz schmecken, das ein fettes, oxidationsempfindliches Öl enthält. Insgesamt macht der essbare Teil einer durchschnittlichen Granatfrucht etwas mehr als die Hälfte der Gesamtmasse der Frucht aus. Granatäpfel haben nur wenige Kalorien – 30 bis 60 Kalorien pro 100 Gramm.

Einige Zeit lang wurden neben Zitronen nicht so gut geratene und wilde Granatäpfel verwendet, um Zitronensäure herzustellen, denn auch die ist in ihr enthalten. Im frühen 20. Jahrhundert fand man dann aber heraus, dass bestimmte Stämme des Schwarzen Gießkannenschimmels *Aspergillus niger* dazu angeregt werden können, neben Oxal- auch Zitronensäure zu produzieren, wenn sie mit Zucker genährt werden, so dass die aufwändigere Verwendung der Granatäpfel überflüssig wurde.

Pflanzenhandbücher beschreiben den Habitus des Granatapfelbaums dank seiner Blätter und der Bedornung als robust. Der während des Winters kahle Strauch treibt im Frühjahr schmale, lanzettförmige, lederartige, dunkelgrüne Blätter. Aus den Achseln dieser Blätter bilden sich an den Zweigenden große leuchtend orangerote oder korallenfarbige bis hellgelbe, glocken- bis trichterförmige Blüten, die duftneutral sind, sich selbst befruchten können, aber auch gerne von Bienen, anderen Insekten und kleinen Vögeln besucht werden. Vor dem Aufblühen verdickt sich der Fruchtknoten, der wie eine Beere aussieht und die Form und Farbe der späteren Frucht vorwegnimmt.

Die Früchte erinnern nur auf den allerersten Blick an echte Äpfel. Der Granatapfel ist nämlich kugelrund und nicht abgeplattet, wie es bei vielen Äpfeln der Fall ist. Und im Unterschied zum Apfel hat der Granatapfel ein bald vertrocknetes, aber deutlich herausstehendes Kelchblatt mit den Staubgefäßen – er wird von einem Kelch gewissermaßen gekrönt. Die Früchte hängen wie Lampions am Ende der dünnen, sich durch die im Laufe der Monate immer stärker durchbiegenden Äste.

Werden die Granatäpfel nicht gepflückt – oder fallen sie nicht vorher aus anderen Gründen vom Baum –, können sie noch im Januar den Baum zieren.

Im Pflanzenreich werden die Punicacea mit ihren beiden Arten »Punica granatum« und »Punica protopunica« zu den Myrtenartigen gerechnet. Dort befindet sich der Granatapfelbaum in einer Gesellschaft, die erstaunlich unterschiedlich ausgebildete Pflanzen umfasst: Er wird zur Familie der Weiderichgewächse gezählt. Zu seinen Verwandten gehören blühende Pflanzen wie der Hennastrauch, das Brasilianische Rosenholz, verschiedene Unterarten von Lagerströmien und die Sumpfquendel, ein Kriechgewächs.

// KULTIVIERUNG UND VERARBEITUNG //

Granatapfelbäume können, wenn man sie denn lässt, bis zu 15 Meter in die Höhe wachsen und einige Jahrhunderte alt werden. Sie passen sich unterschiedlichen klimatischen Bedingungen erstaunlich gut an, vorausgesetzt, es gibt lange und warme Sommer. Denn nur dann haben die Früchte genügend Zeit, um heranreifen zu können. Sie danken es dann mit Früchten, die viel Zucker und wenig Säure aufweisen. Kaum ein Klima ist zu warm für sie, aber sie benötigen genügend

Wasser. Es gibt immergrüne Sorten und solche, die ihre Blätter verlieren.

»Punica granatum« kann zwar auch in kühleren Breitengraden gedeihen, allerdings nur als Kübelpflanze. Früchte zeigt er dann nur im Ansatz, wegen der fehlenden Sonne verharrt er in einem frühen Entwicklungsstadium. Der Granatapfelbaum stellt nur geringe Ansprüche an die Qualität des Bodens, solange er nicht sehr salzhaltig ist. Hohe Luftfeuchtigkeit kann bei manchen Sorten bewirken, dass das Fruchtwachstum unterbunden wird oder die Frucht während der Reifung aufbricht.

Obstbauern legen es auf Berechenbarkeit an, weil ihr wirtschaftliches Überleben davon abhängt. Sie können sich nicht darauf verlassen, dass irgendwann ein Vogel herbeifliegt und mit seinem Kot einen Samen fallen lässt, aus dem dann – vielleicht – ein prächtiger Granatapfelbaum mit prallen Früchten wächst. Da die Aufzucht aus Kernen bzw. Samen nicht nur zeitaufwändig ist, sondern auch die Qualität der Pflanze wenig berechenbar, arbeiten sie meistens mit Ablegern, die erfahrungsgemäß sehr schnell Wurzeln schlagen. Entweder werden die Ableger dort gesetzt, wo die Bäume wachsen sollen, oder man nimmt Setzlinge aus Baumschulen, wo man sicher sein kann, dass sie sich genau so entwickeln, wie man sich das wünscht. Es hat sich bewährt, dass der Gärtner den Baum drei bis fünf Hauptstämmchen ausbilden lässt, die sich wie eine Vase öffnen. Dafür wird der noch kurze Hauptstamm ein paar Mal gespalten. Die Höhe des Baumes wird auf in der Regel weniger als vier Meter begrenzt. Manche Setzlinge entwickeln schon im ersten Jahr Blüten; Früchte bilden sich allerdings erst im zweiten oder dritten Jahr.

Damit enden jedoch noch nicht die notwendigen Eingriffe des Gärtners. Besonders bei jungen Bäumen werden die Stämme bzw. Äste von den Früchten so sehr gebogen, dass sie zuweilen sogar den Boden berühren. Deshalb bindet man die Äste fest oder unterstützt sie, damit sie die Last aushalten können. Besonders während der ersten Jahre werden die erratisch wachsenden Bäume oft beschnitten, um den Stamm und die Hauptäste zu stärken. Und obwohl die Bäume relativ klein sind, ist es wichtig, sie in genügend großem Abstand voneinander zu pflanzen, damit sie ausreichend Licht bekommen. Zugegeben, eine romantische Angelegenheit ist der Granatapfelbaumanbau nicht. Manche Bauern lassen ihre jungen Bäume dicht nebeneinander stehen und entfernen im Laufe der Jahre dann einige, um den noch verbleibenden Bäumen Wachstum und Licht zu ermöglichen. Bei Reisen durch die Obstgärten gibt es aber auch sympathische Überra-

schungen. In einem Garten in der Nähe von Bodrum, an der türkischen Mittelmeerküste, wechseln sich Granatapfelbäume mit Olivenbäumen ab. Nach der Erfahrung des Züchters kann der Fruchtertrag dadurch gesteigert werden. Er macht sich auch einen Spaß daraus, auf demselben Baum eine süße und eine saure Sorte wachsen zu lassen.

Bei der Bestäubung der Blüten bleibt nichts dem Zufall überlassen, denn die Ausbeute an Früchten lässt sich um etwa ein Drittel steigern, wenn man sich nicht nur auf die Selbstbefruchtung verlässt. Fruchtbauern arbeiten manchmal mit Imkern zusammen, die dafür sorgen, dass Bienen herbeifliegen und die Pollen auf den Blüten verteilt werden. Nebenprodukt ist ein spezieller Granatapfelhonig, aber aufgepasst: Das, was manchmal unter diesem Namen angeboten wird, kann sich auch als einfache Mischung von Honig und Granatapfelextrakt entpuppen.

Kälte widersteht er deutlich besser als Zitruspflanzen, dennoch wurden für Regionen, die einerseits heiße Sommer haben, deren Winter aber von sehr niedrigen Temperaturen geprägt sind, andere Methoden erdacht. In Usbekistan bevorzugt man buschig wachsende Sorten, deren Zweige im Herbst an den Boden gedrückt und mit Erde bedeckt werden – so sind sie gut geschützt. Im Süden Russlands, wo im Winter mit einer dauerhaften Schneedecke zu rechnen ist, werden ebenfalls niedrig wachsende Sträucher angebaut, die unter dem Schnee gut überwintern können.

Granatapfelbäume können lange Dürrephasen überstehen, bilden dann aber keine Früchte oder schon gewachsene platzen oder fallen ab. Im Westen Innerindiens, in Regionen, die auch während der Wintermonate so warm sind, dass die Pflanzen nicht automatisch in einen Ruhezustand geraten, haben Züchter herausgefunden, dass es genügt, die Büsche nicht zu bewässern oder das Blätterkleid von Hand zu entfernen. Und indem sie das Grün versetzt zu unterschiedlichen Zeiten im Jahreslauf abnehmen, können sie das Pflanzenwachstum in der Weise steuern, dass auf ihren Plantagen unter diesen milden Temperaturbedingungen das ganze Jahr über Früchte gedeihen.

Wenn Granatapfelbäume in Regionen wachsen, die von Wassermangel betroffen sind, greifen die Bauern bei der Bewässerung auch auf wiederaufbereitetes oder salzhaltiges Wasser zurück. In der Negev-Wüste, im südlichen Israel, hat man damit gute Erfahrungen gemacht, solange durch kontinuierliche Bewässerung das Salz ausgewaschen wird und sich nicht im Boden festsetzen kann. Man beginnt dort Ende April mit der Bewässerung, die den ganzen Sommer über fortgesetzt wird. Das Ernteergebnis liegt bei beachtlichen 25 bis 45 Tonnen Granatäpfeln pro Hektar. Ein Baum trägt 20 bis 30 Kilogramm Früchte. Um den Ertrag zu steigern, kommen heute diverse Zusätze zum Einsatz: Stickstoffverbindungen, Kaliumsalze und Phosphate. Auf Blätter aufgetragene Mikroelemente wie Zink, Eisen und Mangan wirken sich ebenfalls positiv aus – die Kerne sind größer, der Saftanteil höher. Die Bewässerung führt aber auch dazu, dass auf dem Boden Unkraut wächst, das dann mit dem Fruchtbaum um Wasser und Nährstoffe konkurriert. Mit Plastikfolien, die den Boden zwischen den Bäumen abdecken, soll das verhindert werden.

Der Pflanze können Läuse und andere Insekten,

Pilze, Bakterien und Viren zusetzen. Hohe Temperaturen und niedrige Luftfeuchtigkeit begünstigen den Befall durch Bakterien mit dem abenteuerlich anmu- tenden Namen *Xanthomonas axonopodis pv. punicae*. Sie werden vom Wind herangetragen. Die Blätter verformen und färben sich dunkel, stark betroffene Blätter fallen ab. An den Stämmen und Zweigen können sich Geschwüre bilden. Auf der Frucht verursachen sie leicht erhobene, dunkelbraune Schädigungen ohne klare Abgrenzungen. Der Granatapfel kann dadurch auch aufbrechen. Als Gegenmittel gilt das Besprühen mit Kupferfungiziden. Die Pilze *Aspergillus niger, flavus* und *fumigatus* befallen die Frucht typischerweise nach Regenfällen während der Blüte oder im frühen Wachstumsstadium. Der Pilz kann sich in den Früchten ansiedeln, ohne dass es von außen sichtbar ist, zuweilen sind sie blasser und zeigen eine gelbe oder braune Verfärbung. Neben dem Pilzbefall gibt es noch andere Faktoren, die ein Aufbrechen der Schale zur Folge haben können, so das Picken von Vögeln, Sonnenbrand oder auch Insekten. Dazu zählt auch der Granatapfel-Schmetterling *Virachola livia*, der früh in die Frucht eindringt und eine Zersetzung der Kerne bewirkt. Die Obstbauern Andalusiens haben eine besonders geschickte Methode entwickelt, den Läusen zu Leibe zu rücken: In »Insektenhotels«, Holzkästen, die neben den Baumreihen platziert werden, bringen sie Spinnen als natürliche Feinde der Läuse unter. Damit ist es möglich, auf Pflanzenschutzmittel zumindest teilweise zu verzichten.

Fünf bis acht Monate nachdem sich der erste Fruchtansatz gezeigt hat, erreicht der Granatapfel seine Reife. In Südeuropa erstreckt sich die Erntezeit von Ende September bis in den November hinein. Die Bestimmung des genauen Erntezeitpunkts ist eine Wissenschaft für sich und erfordert die Prüfung der Farbe, die sich nach der Sorte richtet, die Messung des Zuckergehaltes sowie des Durchmessers der Frucht. Die Kammern mit den Kernen sollen gut voneinander getrennt sein.

Wenn sie reif sind, gilt es, die Früchte zügig vom Baum zu holen, denn erfahrungsgemäß platzen sie nach zwei bis drei Wochen auf. Auch Regenfälle sind ein Risikofaktor. Allerdings werden nicht alle Früchte eines Baumes zum selben Zeitpunkt reif, so dass sich die Ernte auf einer Plantage über einen Monat erstrecken kann. Gutes Augenmaß ist dann gefragt. Etwas unter dem Blätterwerk geschützte Früchte gedeihen oft besonders gut, diejenigen, die direkt der prallen Sonne ausgesetzt sind, laufen Gefahr, regelrecht zu verbrennen, auszutrocknen und aufzuplatzen. Im Süden Spaniens, einem der Hauptanbaugebiete Europas,

gibt es die Redensart, dass ein geöffneter Granatapfel sich über die Bauern lustig macht. Für den Verkauf eignet er sich dann nämlich nicht mehr, nicht einmal für die Saftherstellung – höchstens noch für die Hühner als erfrischende Zusatzmahlzeit.

Die Granatäpfel werden einzeln vom Baum geholt, von Hand wohlgemerkt. Und behutsam in den Erntebehälter verbracht, damit die Häute in der Frucht nicht beschädigt werden. Schon heruntergefallene Früchte können nicht weiter verwendet werden. Die glatte, derbe bis lederartige Schale wirkt recht stabil, schützt das Fruchtinnere beim Transport aber nicht in dem Maße vor Verletzungen, wie man vielleicht vermuten mag. Spezialisten empfehlen deshalb einen ähnlich vorsichtigen Umgang wie mit Äpfeln. Die reife Frucht verändert sich bei guter Lagerung nur unwesentlich, Zucker und Säure sind bereits während der Reifung am Baum entstanden. Sie gilt als »nichtklimakterisch«, was sie übrigens mit den Zitrusfrüchten oder auch mit der Ananas und der Wassermelone gemein hat. Anders als zum Beispiel Apfel und Birne enthält der Granatapfel keine Stärke, die abgebaut werden könnte. Unbegrenzt ist die Haltbarkeit der Frucht dennoch nicht, denn es setzen Verwesungsprozesse ein und sie trocknet allmählich aus. Wie bei anderen Fruchtarten auch üblich, werden Granatäpfel häufig in Hallen bei genau eingestellter, niedriger Temperatur – sieben Grad gelten als optimal – und Luftfeuchtigkeit mit niedrigem Sauerstoff- und hohem Kohlendioxidanteil gelagert.

Damit kann das »Atmen« der Frucht auf ein Minimum beschränkt werden. Manchmal werden Fungizide verwendet, um Pilzbefall zu vermeiden. Auf diese Weise halten sich die Früchte bis zu fünf Monate lang.

Welche Chance hat man in Mitteleuropa, einen Granatapfelbaum zu ziehen? Bei guter Pflege und warmem, sonnigem Standort kann manchmal sogar mit einem Fruchtansatz gerechnet werden. Allerdings haben diese Früchte bis zum herbstlichen Einräumen der nicht winterharten Kübelpflanze normalerweise keine Chance, reif zu werden. Beim Gießen ist eine Balance zu finden; wenn sie zu viel Wasser bekommt oder zu wenig, verliert die Pflanze ihre Blätter. Sie überwintert am besten in einem luftigen Raum bei Temperaturen um fünf Grad – das Licht spielt nun keine Rolle mehr. Sobald die Blätter abgefallen sind, muss sie nur selten bewässert werden, der Wurzelballen sollte jedoch nicht völlig austrocknen. Erst im März oder April werden Wärme, Licht und Wasser wieder wichtig. Ganz ins Freie sollte sie allerdings erst, wenn nicht mehr mit Nachtfrost zu rechnen ist. Gärtner empfehlen auch Zierformen, die zwischen eineinhalb und drei Meter hoch werden und dann als Hängepflanze, Pyramide, Trauer- oder Hochstämmchen gezogen werden können. Die Ziersorten, die schöne Namen tragen wie »Flore Pleno« (granatrote Blüten), »Albo Pleno« (weiße

Blüten) oder »Legrellei« (manchmal handtellergroße Blüten mit weißem Rand) haben die Eigenschaft, vom späten Frühjahr bis zum Laubfall zu blühen. In China gedeiht die Sorte »Mudanhua«, deren Blüten ein halbes Jahr bleiben und an Pfingstrosen erinnern. Eine Unterart innerhalb der Zierformen sind Zwergformen wie »Nana«, die kaum höher wird als einen Meter und orangerote Blüten zeigt.

// VERWENDUNG IN DER KÜCHE //

Beschäftigt man sich mit den Kochbüchern des Mittelalters, wird man hin und wieder fündig: Der Granatapfel wird dann wie ein Gewürz verwendet. Ein Beispiel ist der »königliche« Salat »Insalata alle Reale«, den Antonio Latini (1642-1692) in seinem Kochbuch *Lo Scalco alla Moderna* aufführt. Neben Endivien und anderen Salatblättern und in Wasser, Essig und wenig Salz aufgeweichten Plätzchen als Hauptbestandteil fügt er diesem Salat noch Pinienkerne, Kapern, helle und dunkle Trauben, Sardellen, gesalzenen Thunfischbauch (»tarantello«), Rogen der Großkopfmeeräsche, kandierten Anis und Ingwer, eingelegte Zitrone und Kürbis, hartgekochte Eier, Pistazien, Rosinen, schwarze Oliven, Kaviar, das gehackte Fleisch von weißem Fisch, Radieschen und eben auch einen Granatapfel hinzu. Schließlich wurde der Salatteller noch mit Zitronenscheiben und -blüten garniert. Ob man den Granatapfel bei diesem erstaunlichen kulinarischen Konvolut überhaupt noch herausschmecken konnte? Wie auch immer – das Rezept belegt den »eigentümlichen Geschmack für stark gewürzte Speisen«, den Wolfgang Schivelbusch in seiner Geschichte der Genussmittel für das Mittelalter hervorhebt.

Der Küchenchef Bartolomeo Scappi (ca. 1500-1577) empfahl in seinem Buch *Opera* die Bereitung von Granatapfelsauce aus geklärtem Granatapfelwein und Zucker, die dann, einmal eingekocht, in Gläsern oder Töpfen aufzubewahren ist. In Johann Ernst Fabers *Beobachtungen aus dem Orient* (1772) gibt es einen Hinweis auf die Bewohner von Aleppo, die eine süße, eine saure und eine Mittelsorte des Granatapfels kennen und »ihren Suppen oder Brühen, mit Granatäpfeln oder Limonen-Saft, eine angenehme Säure zu geben pflegen, so wie auch wir den letztern öfters, zwar nicht sowohl zu unsern Brühen, aber doch unter den Wein gebrauchen, um bey heißem Wetter ein kühlendes und erfrischendes Getränk zu haben«. Und in William Carpenters *Scripture Natural History* (1828) taucht die plausible Vermutung auf (er bezieht sich dabei wiederum auf einen gewissen Mr Harmer), dass in der An-

tike Granatapfelsaft überall dort gebräuchlich war, wo es heute Zitronensaft ist – ob bei der Zubereitung von Fleisch oder von Getränken.

Die Analyse von Kloaken liefert Hinweise auf die Verwendung bestimmter Früchte in früheren Zeiten. So belegen in Konstanz gefundene Überreste aus dem 13. Jahrhundert, dass Granatäpfel damals auf dem Speiseplan standen. Und die österreichische Literaturwissenschaftlerin Karin Kranich hat beim Vergleich von orientalischen und europäisch-mittelalterlichen Kochbüchern eine interessante Entdeckung gemacht: Das Gericht »Rumannaniyya« zum Beispiel, ein Ragout von Rind- oder Lammfleisch mit Gemüse, das mit dem

Saft eines süßen und eines sauren Granatapfels angereichert wird und im 1226 in Bagdad aufgelegten *Kitab al-Tabikh* erwähnt wird, findet sich im italienischen *Liber de coquina* (um 1300) unter der Bezeichnung »De romania« wieder. Der Granatapfelsaft wurde jedoch durch den Saft von Limonen, Limetten oder Bitterorangen ersetzt. Ähnlich wurden bei der europäischen Adaption des im Orient weit verbreiteten Granatapfelsalats aus süßen und sauren Kernen, Zucker, gehobelten Mandeln, frisch gestoßenem Pfeffer und Rosenwasser statt saurer Granatapfelteile kurzerhand Zitronenstücke verwendet. Mandeln und Pfeffer blieben im Zuge dieses kulinarischen Kulturtransfers allerdings auf der Strecke.

Die schön bebilderten Handbücher mit dem Namen *Tacuinum sanitatis* lieferten Hinweise auf eine ausgewogene Lebensführung. Das Hausbuch der Cerruti etwa, das süße und saure Granatäpfel pflückende Gärtner zeigt, verdankt seinen Impuls Werken wie dem von Ibn Butlan, einem christlichen Arzt, der im 11. Jahrhundert in Bagdad, Kairo, Konstantinopel, Aleppo und Antiochia wirkte und die Quintessenz seines Wissens in »Taqwīm as-sihha« genannten Tabellen zusammenfasste.

In welchen Zusammenhängen setzt sich die kulinarische Verwendung des Granatapfels in der Gegenwart fort? Im Rahmen der Yalda-Nacht, die am 20. Dezember im Iran gefeiert wird, kommt Granatapfelkernen neben Melonen, Brombeeren, Feigen, Nüssen, Pistazien und Gebäck eine wichtige Rolle zu. Dem persischen Kalender folgend, ist das der letzte Tag des Monats Azar. Die Geschichte dieser Feier reicht bis in die vorislamische Zeit zurück und hängt mit der indisch-iranischen Mithra-Verehrung zusammen. Mithra war der Engel des Lichts und der Wahrheit, über den es heißt, er sei in ebendieser Nacht geboren worden. Zunächst von den Zoroastern übernommen, bei denen Teile der Granatapfelpflanze bei religiösen Ritualen verwendet wird, wurde es nach der Islamisierung zu einem familiären und gesellschaftlichen Ereignis, das vielerorts im privaten Rahmen oder in Restaurants ohne weitere religiöse Bedeutung veranstaltet wird. »Fesenjan«, ein bekanntes iranisches Schmorgericht, wird mit Granatapfelsirup und gemahlenen Walnüssen zubereitet.

An Rosch Haschana, dem jüdischen Neujahrsfest, sind Granatäpfel ebenfalls ein fester Bestandteil des Festmahls. Sie werden entweder roh gegessen oder mit Huhn und Walnüssen zusammen geschmort.

In der italienischen Provinz Foggia, in Apulien, ist es bis heute üblich, am 2. November im Gedenken an die Verstorbenen eine Speise aus Weichweizen, Gra-

natapfelkernen und Nüssen zu verzehren. Sie heißt bezeichnenderweise »Il Grani dei Morti«, die Kerne der Toten.

Auf dem indischen Subkontinent hat der Granatapfel seinen Platz bei einer Reihe von Feierlichkeiten. Im Rahmen des hinduistischen Dashahara-Fests wird die Frucht der Göttin Raktakali dargeboten. Im Monat Pausha, der etwa Dezember/Januar entspricht, auch Narayana, dem höchsten vedischen Gott, und Lakshmi, der Göttin des Reichtums und des Glücks. Zudem werden die zwei Wochen lang getrockneten Kerne wilder Früchte wie ein Gewürz und anstelle von Tamarinde oder grüner Mango für süßsaure Gerichte der nordwestindischen Küche (in den Bundesstaaten Punjab und Gujarat) verwendet. Das Gewürz heißt »anardana« und wird zum Beispiel mit Kichererbsen gereicht.

Frische Granatapfelkerne finden neben weiteren Zutaten wie Kichererbsen, weißen Bohnen, Rosinen, Reis und Walnüssen für die in der Türkei beliebte Nachspeise »Aşure« Verwendung. In Syrien kocht man die Kerne mit Zucker, träufelt Rosenwasser darüber und serviert sie so als Spezialität. Mit Fantasie begabte Eishersteller kombinieren heutzutage alle erdenklichen Zutaten. Wie wohl ein »Zinfandel Granatapfel-Sorbet« schmeckt? Sosehr der Granatapfel mit all den Gewürzen und Zutaten der orientalischen Küche harmoniert, findet er doch weit darüber hinaus Verwendung. Oprah Winfrey hat ihren Jüngern einmal verraten, dass sie Wodka, Cointreau und Granatapfelsaft zu einem Pomegranate-Martini mixt. Es gibt Granatapfel-Frapuccinos, und im Kühlregal mancher Supermärkte wurde der Granatapfel schon in Kombination mit roten Trauben oder Himbeeren als Smoothie gesehen.

Auch in die gehobene westliche Gastronomie hat er seit einiger Zeit Eingang gefunden. Experimentierfreudige Köche kombinieren ihn zum Beispiel mit Thunfischtartar oder reichen Austern in einer Granatapfelmarinade. Da er auf geradezu raffinierte Weise süße, saure und bittere Noten in sich trägt, vereint er, wenn man ihn mit Salzigem verbindet, fast alle Geschmacksnoten. Manche Starköche schätzen die Winterfrucht, schmoren kleine Äpfel mit Sternanis, Orangenschalen und Vanille in Granatapfelsaft und richten diese dann mit Feldsalateis und Zimtblüten an. Andere bringen ihn als feinen Zusatz zur Vinaigrette oder auch bei der Zubereitung von Fleischgerichten ins Spiel, dann als Alternative zur Bratensauce oder einem Chutney. Gerade bei dunklem Fleisch wie Rinderfilet und Lamm kann die süßsaure Note des Granatapfels einen Kontrapunkt schaffen.

Durch Kochen eingedickter Granatapfelsaft, Melasse, ist ein wichtiger Bestandteil in vielen Küchen des Mittelmeerraums und des Nahen Ostens – er wird dort Salaten, Soßen, Suppen, Fleischgerichten und auch süßen Couscous-Speisen zugesetzt.

// BIOCHEMISCHE BEERENWUNDER //

Ist Granatapfelsaft das wahre Lebenselixier? Man möchte dieser ungewöhnlichen Pflanze nur allzu gerne viele Wirkungen zuschreiben. Tatsächlich reichen entsprechende Hinweise lange zurück. Hippokrates (etwa 460-370 v. Chr.) empfahl einer an Magenbeschwerden leidenden Frau, als einzige tägliche Mahlzeit mit Granatapfelsaft beträufelte Gerstengraupen zu sich zu nehmen. Galenos von Pergamon (ca. 129-215) kommentierte das wie folgt:

> *Offensichtlich hatte schlechte Flüssigkeit die Gegend um den Eingang des Magens, den man auch Kardia nennt, durchfeuchtet und so bei der Frau Erbrechen und Magenbeschwerden bewirkt. [...] Die Gerstengraupen haben nun diese Flüssigkeit ausgetrocknet und der Granatapfelsaft, zugleich damit genommen, hat den Leib so gestärkt, daß er die in seinen Häuten enthaltene Flüssigkeit heraustreiben konnte. Nahrung gewähren die Granatäpfel dem Körper äußerst wenig, wir brauchen sie daher niemals als Nahrungsmittel, sondern nur als Heilmittel.*

Der römische Feldherr Cato (234-149 v. Chr.) wusste von den wurmtreibenden Eigenschaften der Rinde. Im *Satyricon* findet sich der Hinweis, dass die Rinde des Granatapfels gegen Bauchschmerzen helfen kann. Alle Bestandteile der Pflanze wurden in der traditionellen Schulmedizin verwendet. Der Saft gilt als fiebersenkend, die Wurzelrinde als Adstringens und Antiwurmmittel. Eine aus der Rinde des Stammes bereitete Paste wird zur Behandlung von Hämorrhoiden empfohlen.

Pulverisierte Blütenknospen werden bei Bronchitis verordnet. Eine aus den Blättern hergestellte Paste soll Verbrennungen lindern und Infektionen verhindern.

Erst einmal nicht so recht ins Bild passt die Beobachtung, dass bestimmte Substanzen der Pflanze, die wegen der großen Anzahl an Kernen so oft als Symbol für Fruchtbarkeit stand, eine empfängnisverhütende Wirkung haben können. Die Schale soll in der Antike und im Mittelalter sogar für Abtreibungen verwendet worden sein. In Indien war die Verwendung von Pflanzenbestandteilen zu diesem Zweck lange üblich und ist es sogar bis heute. Ins Bild würde die überlieferte Anekdote passen, dass Katharina von Aragon Granatapfelkerne gegessen habe, um Heinrich VIII. einen Sohn schenken zu können – das Experiment blieb jedoch ohne Erfolg. In der Vergangenheit wurde häufiger behauptet, dass Granatäpfel Östrogene enthalten, was durch neuere Untersuchungen jedoch nicht bestätigt werden konnte.

Paracelus (1493-1541) empfahl den Granatapfel gegen Zahnkrankheiten. Er verglich die in einem aufgesprungenen Granatapfel sichtbaren Kerne mit den Reihen der Schneidezähne und wollte darin – der sogenannten Signaturenlehre folgend – einen inneren Zusammenhang erkennen. Immerhin: Die Anwendung von Extrakten der gerbstoffreichen Rinde des Granatapfels kann bei Entzündungen des Zahnfleisches tatsächlich eine gewisse lindernde Wirkung haben.

Der an anderer Stelle schon erwähnte Levin weiß zu berichten, dass sowjetische Kosmonauten, Piloten, U-Boot-Fahrer und Kohlengrubenarbeiter seinerzeit mit Granatapfelsaft versorgt wurden, um ihre Gesundheit und Ausdauer zu fördern. Selbst die Affen an Bord von Raumschiffen sollen eine Mischung aus Granatapfel- und Hagebuttensaft verabreicht bekommen haben.

Wie wirken die in den Pflanzenbestandteilen enthaltenen Substanzen im menschlichen Körper? Inzwischen hat man die Inhaltsstoffe genauen Analysen unterzogen. Zunächst enthält die Frucht neben Ballaststoffen diverse Vitamine und Mineralstoffe, etwa Phosphor und Kalium. Der Gehalt an Vitamin C – 4 bis 15 Milligramm pro 100 Gramm essbarem Anteil – ist dagegen gar nicht besonders groß. Auffällig ist der hohe Gehalt an Polyphenolen und Flavonoiden, denen eine antioxidative Wirkung zugeschrieben wird – möglicherweise ist, wie manche vermuten, auch gerade die Mischung der verschiedenen Stoffe entscheidend. Der Synergismus von Polyphenolverbindungen scheint wirksamer als isolierte Inhaltsstoffe wie Punicalagin, Ellagsäure oder tanninreiche Extrakte. Zudem soll das antioxidative Potenzial von Granatapfelsaft deutlich höher als das von Rotwein, grünem Tee, Blaubeer- und

96. Myrtaceae
XII, 1.
A
346. Punica Granatum L.
Granate.

Traubensaft sein. Beobachtet wurde auch eine starke Hemmung von Zahnplaque-Mikroorganismen – zum Schutz des Zahnschmelzes sollte allerdings, so die Empfehlung von Ärzten, zwischen dem Verzehr des Saftes und dem Zähneputzen eine Stunde zeitlicher Abstand eingehalten werden.

Hinweise auf vorbeugende wie therapeutische Gesundheitseffekte durch den Verzehr von Granatäpfeln oder auch fermentiertem Granatapfelextrakt verdichten sich, und zwar bei Arteriosklerose, Bluthochdruck, rheumatischen Erkrankungen, bakteriellen Infektionen, verschiedenen Krebserkrankungen und Fettstoffwechselstörungen. Der spanische Ernährungswissenschaftler Enrique Roche Collado, der hier für eine Vielzahl von Forschern steht, die sich mit dem Granatapfel beschäftigen, ist zuversichtlich, das Fortschreiten von Alzheimer durch Granatapfelgaben verzögern, wenn auch nicht ganz aufhalten zu können. Dem Gehalt der Samen an Omega 5 schreibt er einen günstigen Effekt auf erhöhte Cholesterinwerte und Akne zu. Er hat auch herausgefunden, dass sich Hochleistungssportler nach Wettkämpfen deutlich schneller erholen, wenn sie danach Granatapfelsaft trinken. Solche Hinweise bezüglich positiver Wirkungen auf bestimmte Krankheitsbilder sind jedoch mit einer gewissen Vorsicht zu betrachten. Die Übertragbarkeit von

Erfolg versprechenden Versuchen an Zellkulturen auf den Menschen muss oft noch in kostspieligen klinischen Studien belegt werden.

Manches wird dabei nicht so heiß gegessen, wie es gekocht wurde. Vor etwa zehn Jahren erregten amerikanische Forscher mit der Hypothese Aufsehen, dass der Saft HIV-Eintrittshemmer in besonders hoher Konzentration beinhalte, die eine Infektion mit dem Erreger verhindern könne. Meine stichprobenartige Nachfrage bei dem damals federführenden Wissenschaftler ergab jedoch, dass diese Theorie nicht weiterverfolgt wurde.

Während es von 1945 bis 2000 in wissenschaftlichen Zeitschriften gerade einmal dreißig Aufsätze über die Wirkung bestimmter in der Pflanze enthaltener Substanzen gab, ist deren Zahl seitdem um ein Vielfaches gestiegen. Als Auslöser für das plötzliche Interesse der Forscher an der Frucht gilt vor allem eine Untersuchung des israelischen Biochemikers Michael Aviram, der im Jahr 2000 die erste Studie über die antioxidative Wirkung des Granatapfelsaftes veröffentlichte. Er hatte sich zuvor schon mit verschiedenen Fruchtsorten und Gemüsen und deren Wirkung auf Arteriosklerose beschäftigt und stellte dann fest, dass Granatapfelsaft diesbezüglich sogar noch günstiger einzuschätzen ist als Rotwein. Der im israelischen Haifa lebende Forscher setzt seine Untersuchungen seitdem konsequent fort – seit 1999 hat er an nicht weniger als 55 Studien mitgewirkt. Und es ist wohl nicht allzu überraschend, dass er, wie er versichert, auch selbst regelmäßig Granatäpfel verzehrt. Nach der weiteren Entwicklung befragt, hält Aviram Experimente mit Kombinationen verschiedener Inhaltsstoffe für besonders aussichtsreich. So wird etwa inzwischen Granatapfelsaft mit Dattelkernöl oder Statinen zusammen verabreicht, um verbleibende freie Radikale abzufangen und den Cholesterinspiegel im Blutserum zu senken.

POM Wonderful, der amerikanische Marktführer für trinkfertigen Granatapfelsaft, hat sich im Jahr 2012 zu einer breit angelegten, aggressiven Marketingkampagne entschlossen. Die Bundeshandelskommission war aber der Auffassung, die Werbung von POM sei irreführend, weil sie behauptete, man könne Herzerkrankungen, Prostatakrebs und Erektionsstörungen mit dem Saftkonsum vorbeugen, sie vermindern oder sogar heilen. Das Unternehmen meinte sich zur Wehr setzen zu müssen, indem es neue Anzeigen schaltete, in denen es Zitate aus diesem Beschluss frei zitierte. So kam es dann zu einer Saftflasche, der ein Galgen umgelegt wurde: »Cheat Death. POM Wonderful. The Antioxidant Superpower«. Inzwischen wirbt POM unter dem Motto »Crazy Healthy« etwas zurückhaltender für die vermuteten Vorzüge. In den Werbespots treten nun mit Granatapfelsaft gefüllte, Feuer speiende Drachen auf.

Das Feld der Produkte, für das Teile des Granatapfels verwendet werden, ist weit. Die Kosmetikindustrie bietet »kalt gepresstes« Granatapfelkernöl an. Das aus dem Samen gewonnene Öl enthält ungesättigte Fettsäuren, die der Haut Feuchtigkeit spenden und die Hautregeneration fördern sollen.

Granatapfelweine, die es schon im alten Ägypten gegeben hat, sind heute noch ein Nischenprodukt. Allerdings ist beim Kauf darauf zu achten, dass als »Weine« deklarierte Getränke manchmal nur mit Granatapfelsaft aromatisiert bzw. versetzt sind. Der Genuss eines armenischen Granatapfelweines war ein eher ernüchterndes Erlebnis, der Geschmack erinnerte mich an Pepsinwein. Aber dies sei bitte nicht als abschließendes Urteil zu verstehen. Andere haben ihn immerhin schon mit Génépi, einem Kräuterlikör, verglichen. Die in Israel, an der libanesischen Grenze, in der Nähe des Sees Genezareth gelegene und von der Familie Nachmias betriebene Rimon Winery bietet sowohl süße Dessertweine als auch trockene Granatapfelweine an. Grenadine – der Sirup, der einst ausschließlich aus Granatäpfeln der Insel Grenada hergestellt wurde, verleiht dem Tequila Sunrise seine schöne rote Färbung.

Doch nicht überall ist Granatapfel drin, wo etwas davon draufsteht. Die verdächtig stark an Brausepulver erinnernde Turko-Baba Granatapfel-Teemischung, die mir einmal in einem orientalischen Basar offeriert wurde, dürfte nur in ihrer Färbung etwas mit der beliebten Frucht gemein haben.

// DIE ZUKUNFT DES GRANATAPFELS //

Der französische Botaniker V.-A. Evreinoff hat sich in den 1950er Jahren an einer Auflistung versucht und die Früchte dabei nach süßen, säuerlich-süßen und sauren bzw. industriellen Sorten unterschieden. Allerdings hat er auch eingeräumt, dass die Liste nicht vollständig sei und viele persische, afghanische, marokkanische und syrische Arten nicht aufgeführt seien. Niemand kann heute überblicken, welche und wie viele Kulturformen des Granatapfels es insgesamt gibt und welche sich möglicherweise sogar gleichen, obwohl sie unterschiedliche Namen tragen. Die süßsaure »Hicaznar« mit ihrer roten Schale und den harten Samen, die heute den türkischen Markt dominiert, ist zum Beispiel der »Wonderful« sehr ähnlich. In Israel trägt eine Sorte, die in vielen Merkmalen »Wonderful« entspricht und aus den USA importiert worden sein soll, die nüchterne Bezeichnung »P.G. 101-2«. Es ist zudem bekannt, dass Schale und Kerne einer Sorte je nach Region, in der sie angebaut wird, unterschiedliche Färbungen zeigen können.

In diversen Ländern gibt es Genpool- bzw. Saatgutsammlungen mit sowohl wilden als auch kultivierten Granatapfelsorten, wobei diejenigen Turkmenistans (mit über eintausend), Irans, Russlands und Indiens besonders umfangreich sein sollen und die dort erfassten Sorten auch besonders markante genetische wie morphologische Unterschiede zeigen. Das amerikanische Germplasm Repository im kalifornischen Davis beinhaltet unter seinen 200 Proben nicht nur solche aus dem eigenen Land, sondern auch aus Turkmenistan, Russland, Iran und Japan.

Ist China das Land der Granatapfel-Superlative? In der Provinz Shandong soll es Büsche geben, die nicht einmal einen Meter hoch sind und deren scharlachrote Früchte die Größe von Kirschen besitzen und winzige Kerne aufweisen. Die Frucht der Teipitian-Sorte dagegen, mit gelbgrüner Schale und tiefroten Kernen, soll bis zu eineinhalb Kilo schwer werden. Andere besonders begehrte Sorten tragen exotisch klingende Namen wie »Dabaitian«, »Heyinruanzi«, »Tongpi« und »Bopi«. Kriterien für die Auswahl sind neben der Größe auch Reifezeitpunkt, Saftanteil und Weichheit der Samen.

Traditionell ist die Provence vor allem für ihre Lavendelplantagen, Weinberge und Olivenhaine bekannt, doch zählt sie heute auch zu den Regionen, in denen mit weniger bekannten Granatapfelsorten experimentiert wird. Um zu den Pépinières Baud, der Baumschule von Pierre Baud, zu gelangen, fährt man von der Stadt Orange aus Richtung Nordwesten. Sein Gelände, das neben den eigentlichen Obstgärten einige typisch provenzalische Gebäude und ein Gewächshaus umfasst, befindet sich ein paar Kilometer nördlich von Vaison-la-Romaine, einem für seine römischen Ausgrabungen und seine pittoreske Altstadt bekannten Ort. Baud konzentriert sich bei seiner Arbeit vor allem auf Feigen, die winterlicher Kälte besonders gut widerstehen, und kommt damit dem Wunsch vieler Hobbygärtner nach, die sich ein kleines mediterranes Paradies in nördlicheren Breiten verwirklichen wollen. Bei den Granatäpfeln interessieren den Baumschulenbetreiber neben den handelsüblichen auch weniger bekannte Arten, die so wohlklingende Namen haben wie »Asmar« und »Gabès« (so benannt nach der tunesischen Meeresoase); einige wie »Maxima Rubra« und »Luteum« zählen zu den Sträuchern, die nur wegen ihrer schönen Blüten geschätzt werden und nicht einmal Früchte hervorbringen. Die »schwarzen« Früchte, die an einigen der kleinen Bäume ab Anfang August gedeihen, entpuppen sich bei genauerem Hinsehen als dunkelviolett gefärbt. Es handelt sich hierbei um eine nicht essbare Sorte – sie sind überaus sauer. Gärtner schätzen sie jedoch wegen ihrer dekorativen Wirkung. Sie bleiben bis zum Herbst an den Bäumen, überraschenderweise sogar noch einige Zeit nachdem die Blätter abgefallen sind.

Es gibt heute viele Versuche, die genauen Wachstumsbedingungen zu erforschen und herauszufinden, wann sich die verschiedenen Faktoren in optimalem Gleichgewicht befinden: Viel Sonne ist für die Reifung erforderlich, aber die Früchte dürfen eben auch nicht verbrennen. Zudem versucht man, die Frucht in der einen oder anderen Weise durch selektive Auswahl zu verändern. Wie lässt sich der Widerstand der Pflanze gegen Frost erhöhen? Welche Bäume bringen besonders früh oder spät reifende Früchte hervor? Gefragt sind Früchte mit besonders kleiner Calyx, weil es für Schädlinge dann schwieriger ist, in die Frucht einzudringen. Eine zentrale Frage ist, wie dem Aufbrechen der Früchte entgegengewirkt werden kann, das bisher noch zu einem hohen Verlust von Früchten führt. Einige Aspekte dieses Prozesses scheinen auf genetische Faktoren zurückzuführen sein, die von Umweltfaktoren unabhängig sind. Manche Sorten brechen weniger leicht auf als andere.

Botaniker betonen – hier wie bei vielen anderen Fruchtarten auch – immer wieder, wie wichtig es ist, die Wildformen zu schützen. Es gibt einen enormen Druck, möglichst einheitliche Früchte zu produzieren, um gleichbleibende Qualität sicherzustellen. Industrielle Abnehmer des Saftes sind nicht besonders flexibel, wie mir ein Insider in der Türkei verraten hat. Als wichtig gilt, dass die Färbung und auch der Geschmack von einer Lieferung zur nächsten nicht merkbar variierten, damit der Absatz nicht gefährdet wird.

Vom israelischen Newe Ya'ar Forschungszentrum konnte ich die Information bekommen, dass dort schon einige »short assemblies« des Granatapfel-Genoms vorliegen. Ansonsten gibt es nur wenige Berichte über molekulargenetische Arbeiten an der Granatapfelpflanze. Doron Holland, der in Newe Ya'ar federführend an den Untersuchungen beteiligt ist, wollte sich nicht zu einer Aussage hinreißen lassen, ob es bald vollständig bekannt gegeben werde, geht aber davon aus, dass es einige Forschergruppen gibt, die sich damit beschäftigen. Und was hätte es für Folgen, wenn das Genom tatsächlich bekannt würde? »Es wird die Züchtungsbemühungen dramatisch verändern. Es wird ermöglichen, die Gene für bestimmte Charakteristika zu identifizieren, neue Markierungsgene zu finden und die Zucht zu beschleunigen«, sagt Holland.

Der Kulturhistoriker Alan Davidson konnte vor knapp zwei Jahrzehnten noch schreiben, dass der Granatapfel zwar seit der Antike kultiviert wurde, aber dadurch, »dass die Frucht auf so aufwändige Weise zu konsumieren ist« eine wirklich universelle Beliebtheit nie erreicht habe. Auf die Vergangenheit bezogen stimmt das, sie wurde in den westlichen Ländern als ausgefallene Spezialität im Tropenfruchtsortiment geführt. Doch die Nachfrage nach der »Powerfrucht« steigt, ja man könnte sogar von einem »Granatapfelfieber« sprechen (ähnlich wie bei Tulpen oder Orangen vor ein paar Jahrhunderten). Da Granatapfelbäume auch in der südlichen Hemisphäre angebaut werden, kann man sie auch dann bei uns finden, wenn auf unserer Seite gerade nicht Saison ist. Einiges spricht dafür, dass die Konjunktur des Granatapfels anhalten wird. Nur als Dekoration für Salate oder Vanilleeis herzuhalten hat die göttliche Frucht nicht verdient.

Auswahlbibliografie

// Baumann, Hellmut. *Die griechische Pflanzenwelt in Mythos, Kunst und Literatur*. München: Hirmer Verlag 1982 // Bouvier, Nicolas. *Die Erfahrung der Welt*. Basel: Lenos Verlag 2001 // Braidy, Nady. *Pomegranates: Old Age Remedy for Today's Disease*. New York: Nova Science Publications 2015 // Buschan, Georg. *Vorgeschichtliche Botanik der Cultur- und Nutzpflanzen der alten Welt auf Grund prähistorischer Funde*. Breslau: J. U. Kern 1895 // Clayton, Peter A. und Martin J. Price (Hg.). *The Seven Wonders of the Ancient World*. London und New York: Routledge 1988 // Davidson, Alan und Tom Jaine. *The Oxford Companion to Food*. Oxford: Oxford University Press 2014. // Doe, Brian. *Socotra. Island of Tranquility*. London: Immel Publishing 1956 // Evreinoff, V. A. »Contribution à l'étude du Grenadier«. In: *Journal d'agriculture tropicale et de botanique appliquée*, Band 4, Nr. 3-4, März/April 1957 // Fant, Clyde E. und Mitchell G. Reddish. *Lost Treasures of the Bible: Understanding the Bible through Archaeological Artifacts in World Museums*. Grand Rapids: Wm. B. Eerdmans 2008 // Giesecke, Annette. *The Mythology of Plants. Botanical Lore from Ancient Greece and Rome*. Los Angeles: J. Paul Getty Museum 2014 // Großmann, G. Ulrich (Hg.). *Die Frucht der Verheißung. Zitrusfrüchte in Kunst und Kultur*. Nürnberg: Germanisches Nationalmuseum 2011 // Hehn,

Victor. *Kulturpflanzen und Haustiere in ihrem Übergang aus Asien nach Griechenland und Italien sowie in das übrige Europa: historisch-linguistische Skizzen*. Berlin: Gebrüder Borntraeger 1870 // Hepper, Frank Nigel. *Pflanzenwelt der Bibel. Eine illustrierte Enzyklopädie*. Stuttgart: Deutsche Bibelgesellschaft 1992 // Hiller, Karl und Matthias F. Melzig. *Lexikon der Arzneipflanzen und Drogen*. Heidelberg: Spektrum Akademischer Verlag 2009 // Hodgson, Robert W. *The Pomegranate* (Bulletin Nr. 217). Berkeley: University of California Press 1917 // Jänicke, Christof et al. *Handbuch Phytotherapie*. Stuttgart: Wissenschaftliche Verlagsgesellschaft 2003 // Janick, Jules und Robert E. Paull. *The Encyclopedia of Fruits and Nuts*. Wallingford: CABI 2008 // Levin, Gregory. *Pomegranate Roads: A Soviet Botanist's Exile from Eden*. Forestville: Floreant Press 2006 // Lieberei, Reinhard und Christoph Reisdorff. *Nutzpflanzen*. Stuttgart: Georg Thieme Verlag 2012 // Lloyd, John Uri. »Punica granatum«. *The Western Druggist*. Chicago 1897 // Majupuria, Trilok Chandra und Damodar Prasad Joshi. *Religious & useful plants of Nepal & India*. Saharanpur: Rohit Kumar (Majupuria) 2009 // Meredith, French. »Pomegranate. The Crown Royal of all Fruit«. In: *Pacific Horticulture*, Band 77, Nr. 2, Frühjahr 2016 // Muthmann, Friedrich. *Der Granatapfel. Symbol des Lebens in der Alten Welt*. Bern: Abegg-Stiftung / Office du Livre 1982 // Palter, Robert. *The Duchess of Malfi's Apricots and Other Literary Fruits*. Columbia: University of South Carolina Press 2002 // Pfeifer, Moritz. »Life History of a Fruit. Symbol and Tradition in Parajanov's Caucasian Trilogy«. In: *East European Film Bulletin* 23.10.2015 // Pollan, Michael. *Die Botanik der Begierde*. München: Claassen 2002 // Rilke, Rainer Maria. *Briefe aus den Jahren 1906 bis 1907*. Leipzig: Insel Verlag 1930 // Rilke, Rainer Maria. *Sämtliche Werke. Siebenter Band. Übertragungen*. Frankfurt am Main und Leipzig: Insel Verlag 1997 // Schivelbusch, Wolfgang. *Das Paradies, der Geschmack und die Vernunft. Eine Geschichte der Genußmittel*. München: Carl Hanser Verlag 1980 // Seeram, Navindra P., Schulman, Risa N. und David Heber. *Pomegranates – Ancient Roots to Modern Medicine*. London: Taylor & Francis 2006 // Smith, Robert E. *Pomegranate: Botany, Postharvest Treatment, Biochemical Composition and Health Effects*. Nova Science Publications 2014 // Stuppy, Wolfgang. *Früchte: Faszinierende Kunstwerke der Natur*. Hildesheim: Gerstenberg Verlag 2009 // Theophrast. *Naturgeschichte der Gewächse*. Altona: Anton Friedrich Hammerich 1822 // Wagner, Christian. *Alles, was Gott erlaubt hat. Die kulinarische Bibel*. Wien: Christian Brandstätter Verlag 1994 // Yahia, Elhadi M. *Postharvest Biology and Technology of Tropical and Subtropical Fruits*. Band 4. Oxford: Woodhead Publishing 2011 // Zohary, Michael. *Pflanzen der Bibel*. Stuttgart: Calwer Verlag 1983 //

Bildnachweis

// Seite 6 / *Granatapfel* / Fotolia, Berlin (Vladimir Liverts) // Seite 11 / *Granatapfel* / Getty Images, München (Victor Shupletsov) // Seite 14 / *Saure Granatäpfel. Tacuinum sanitatis in medicina. Das Hausbuch der Cerruti, Ende des 14. Jahrhunderts* / Bridgeman Images, Berlin // Seite 19 / *Georg Oellinger, Magnarum Medicinae partium herbariae et zoographiae imagines, Nürnberg 1553* / Universitätsbibliothek Erlangen-Nürnberg // Seite 22 / *Granatapfelbaumkultur (mit Olivenbäumen) bei Bodrum* // Seite 27 / *The Unicorn in Captivity (Unicorn Tapestries), Niederlande 1495-1505* / The Metropolitan Museum of Art, New York // Seite 30 / *Mosaik aus der römischen Villa bei Hinton, St. Mary, GB* / mauritius images, Mittenwald // Seite 36 / *Sandro Botticelli, Madonna mit Granatapfel, 1445-1510* / akg-images, Berlin (Rabatti & Domingie) // Seite 40 / *Michelangelo Merisi da Caravaggio, Knabe mit einem Fruchtkorb, 1593/1594* / akg-images, Berlin (André Held) // Seite 47 / *Dante Gabriel Rosetti, Proserpina, 1874* / Bridgeman Images, Berlin // Seite 53 / *James Whatman, Punica Granatum, 1805* / The Arnold Arboretum of Harvard University, Boston // Seite 59 / *Granatäpfel auf dem Markt* / shutterstock, Berlin (Jason Wells) // Seite 65 / *Granatapfelbaum* / Fotolia, Berlin (Olaf Speier) // Seite 70 / *Carlo Maratta, Frau mit Früchten und Blumen, um 1650* / bpk, Berlin (Staatliche Kunstsammlungen Dresden, Elke Estel & Hans-

Peter Klut) // Seite 75 / *Abraham Brueghel, Frau mit Blumen und Früchten, 1669* / akg-images, Berlin (Erich Lessing) // Seite 78 / *Sammelbild Liebig Company's Fleisch-Extract & -Pepton, um 1900* // Seite 84 / *Otto Wilhelm Thomé, Punica Granatum L., 1885* // Seite 94 / *William-Adolphe Bouguereau, Mädchen mit einem Granatapfel, 1875* //

Alle weiteren Abbildungen stammen aus dem Archiv des Autors oder des Insel Verlags.

Dank an:

// *Samantha D'Acunto*, Mertz Library, The New York Botanical Garden // *Jette Anders* // *Michael Aviram* // *Anthony Bale* // *Francesco Paolo de Ceglia*, Università degli Studi di Bari Aldo Moro // *Lisa DeCesare*, Harvard University Library // *Nicole R. Demers*, Bioversity International // *Rabby Amy Eilberg* // *Penina Eilberg-Schwartz* // *Detlef Feussner* // *Doron Holland*, Newe Ya'ar Research Centre, Haifa // *Brendan Kenney* // *Norbert Kilian*, Botanisches Museum Berlin // *Christine Klar* // *Ulrich Meyer* // *John Preece*, National Clonal Germplasm Repository, Davis // *Gabriele Sailer* // *Hilke Steinecke*, Palmengarten, Frankfurt am Main // *Wolfgang Stuppy*, Botanischer Garten der Ruhr-Universität Bochum // *Muhabbat Turdieva*, Bioversity Usbekistan // *Leili Vatani* // *Leo Zängerle*, Weleda AG //

Die Verantwortung für eventuelle Fehler liegt allein bei mir.

Inhalt

 Bezugspapier unter Verwendung der Radierung »Granatapfel« von Johann Jakob Haid. Biodiversity Heritage Library. Gesetzt in der Schrift Aleksei MT. Gedruckt auf holzfreies, alterungsbeständiges mattgestrichenes Werkdruckpapier der Firma Papier Union, Hamburg, von der Memminger MedienCentrum AG, Memmingen. Gebunden in Fadenheftung von der Josef Spinner Großbuchbinderei GmbH, Ottersweier. Dieses Buch wurde klimaneutral produziert: climatepartner.com/14438-2110-1001. Printed in Germany. Erste Auflage 2018. ISBN 978-3-458-19444-6. www.insel-verlag.de